王国志 ◎ 编著

懂得女孩，
教好女孩

天津科学技术出版社

图书在版编目(CIP)数据

懂得女孩教好女孩/王国志编著. —天津:天津科学技术出版社,2011.7
ISBN 978-7-5308-6432-6
Ⅰ.①懂… Ⅱ.①王… Ⅲ.①女性—家庭教育 Ⅳ.①G78
中国版本图书馆 CIP 数据核字(2011)第 138934 号

责任编辑:石　崑
责任印制:白彦生

天津科学技术出版社出版
出版人:蔡　颢
天津市西康路 35 号　邮编 300051
电话(022)23332398(事业部)　23332697(发行)
网址:www.tjkjcbs.com.cn
新华书店经销
天津新华印刷三厂印刷

开本 710×1000　1/16　印张 16　字数 210 00 千字
2011 年 9 月第 1 版第 1 次印刷
定价:28.80 元

前言 FOREWORD

每个女孩都是一粒亟待发芽抽枝、开花结果的种子。也许她是花朵,将会绽放出绚烂的玫瑰;也许她是一株小草,将来会焕发出绿色的、倔强的生机……然而有一点不容置疑:每个女孩都是与众不同的。

和男孩相比,女孩子似乎来自另一个星球。她们和他们,对于生活有着不同的感悟和要求。我们来看看女孩子通常都想些什么:

她的情绪。

她所使用的语言、交谈的速度和需要。

在指定的时间里,为了某项任务如何去做。

她会吃多少东西。

在不使用语言的前提下,她如何与人保持联系。

她对所喜欢的人有什么感觉。

她如何帮助自己调整。

她的自尊。

她的竞争水平。

她在社会中的抱负。

她的进取心。

她的重要情感——如生气、快乐和痛苦。

有人说，女孩子是用糖、香料和所有美好的东西做成的，比起男孩，她们更善良、更敏感、更温柔、更细心、更有同情心，女孩更关注自己和他人的情感世界。正因为她们是如此温柔、如此善良，也更容易在成长的过程中受到伤害。

所以，对于女孩，父母更要加倍呵护，不要让自己的孩子受到丝毫的伤害。

让女孩健康快乐地成长，是所有父母共同的愿望，但是，女孩到底怎么养，怎样才是最适合女孩的教育？如何让女孩从自己的小天地中走出来，进入属于她的最广袤无垠的世界中？这是很多父母都在思考的问题。

每一个家庭都有最适合自己孩子的教育方法，一个家庭的方法也许并不适合另一个家庭，但是，不管是什么方法，都有一个最根本的原则，就是都要让女孩能够接受，能够理解。这就要懂得女孩子的心，深入到女孩子的内心深处，知道她们想要什么，知道怎么做她们才愿意接受，知道怎么说她们才愿意听，这样才能够让女孩听从父母的话。

懂得女孩，教好女孩。掌握了女孩的心灵密码，就能够更好地和女孩相处和沟通，就能够使女孩更好地改正自己的缺点，使女孩能够早点摆脱各种烦恼的困扰。

正因为如此，我们编写了这本书，希望能够对各位家长教好自己的女孩有所帮助。

编　者

目录 CONTENTS

第一章　站在女孩的角度看问题 ………………………… 1
- 1. 给女孩一个温暖的家 …………………………………… 2
- 2. 允许女孩发发小脾气 …………………………………… 6
- 3. 不要把过高的期望加在女孩身上 ……………………… 9
- 4. 包容女孩的过失 ……………………………………… 13
- 5. 冷静对待女孩的顶嘴 ………………………………… 17
- 6. 善听女孩的弦外之音 ………………………………… 22

第二章　关爱女孩　尊重女孩 ………………………… 25
- 1. 女孩没有你想象的那么脆弱 ………………………… 26
- 2. 让女孩远离伤害 ……………………………………… 30
- 3. 欢迎女孩把朋友带回家 ……………………………… 34
- 4. 尊重女孩的个人兴趣 ………………………………… 38
- 5. 欣赏她的奇思妙想 …………………………………… 43
- 6. 给女孩一个自由的成长氛围 ………………………… 46

第三章　父母要做女孩的引路人 ……………………… 49
- 1. 父亲能给女儿的礼物 ………………………………… 50
- 2. 女孩是妈妈的影子 …………………………………… 54
- 3. 分享女孩的喜怒哀乐 ………………………………… 57
- 4. 勇于向女孩认错 ……………………………………… 61

目录 CONTENTS

- 5. 给孩子留下一个快乐的童年 …………………………… 64
- 6. 千万不要欺骗孩子 ……………………………………… 68
- 7. 爱孩子,但不要宠孩子 ………………………………… 71
- 8. 做女儿的坚强后盾 ……………………………………… 75

第四章 培养女孩子不可缺少的能力 ……………………… 79
- 1. 让女孩子"能说会道" …………………………………… 80
- 2. 让女孩成为金钱的主人 ………………………………… 83
- 3. 让女孩自己管理自己 …………………………………… 87
- 4. 良好的学习习惯 ………………………………………… 90
- 5. 踏着挫折前行 …………………………………………… 94
- 6. 让女孩成为交际高手 …………………………………… 97
- 7. 懂得合作的女孩才会赢 ………………………………… 101
- 8. 勤劳的女孩更幸福 ……………………………………… 104

第五章 培养女孩独一无二的气质 ………………………… 109
- 1. 让女孩有颗感恩的心 …………………………………… 110
- 2. 让责任感伴随女孩成长 ………………………………… 113
- 3. 坚持把一件事情做好 …………………………………… 115
- 4. 自信的女孩最美丽 ……………………………………… 118
- 5. 和男孩一样勇敢 ………………………………………… 121
- 6. 引导女孩认识真正的美 ………………………………… 124
- 7. 弱不禁风不是女孩的代名词 …………………………… 127

- 8. 苗条不能以健康为代价 …………………… 129
- 9. 不一定要名牌,但一定要有品位 ………… 132
- 10. 让女孩保持一颗善良的心 ………………… 135
- 11. 给女孩一颗宽容的心 ……………………… 139

第六章 用正确的方法对待女孩 …………………… 143

- 1. 平等对待孩子 ……………………………… 144
- 2. 永远用温和的态度对待女孩 ……………… 148
- 3. 不要拿女孩和他人随便比较 ……………… 151
- 4. 不要将"听话"当标准 …………………… 154
- 5. 拒绝女孩的非分要求 ……………………… 157
- 6. 不要给女孩太大的压力 …………………… 162
- 7. 爸爸妈妈的意见要一致 …………………… 166
- 8. 尊重孩子 …………………………………… 169
- 9. 不要对女孩使用"软暴力" ……………… 172
- 10. 不要打探女孩的隐私和秘密 ……………… 176

第七章 怎样说女孩才愿听 ………………………… 181

- 1. 学会赞赏你的女孩 ………………………… 182
- 2. 父母这样说,女孩才会听 ………………… 185
- 3. 批评女孩有技巧 …………………………… 188
- 4. 如何让女儿对你说出心里话 ……………… 191
- 5. 做女孩的榜样 ……………………………… 194

目录 CONTENTS

- 6. 做"听话"的父母 …………………………… 197
- 7. 让女孩多了解父母 …………………………… 200

第八章 不要让女孩子走错了路 …………………………… 203

- 1. 女孩没有主见怎么办 …………………………… 204
- 2. 女孩任性怎么办 …………………………… 208
- 3. 女孩害羞怎么办 …………………………… 212
- 4. 女孩嫉妒怎么办 …………………………… 215
- 5. 女孩自卑怎么办 …………………………… 219
- 6. 女孩自私怎么办 …………………………… 222
- 7. 女孩早恋怎么办 …………………………… 225
- 8. 女孩网恋怎么办 …………………………… 230
- 9. 女孩虚荣怎么办 …………………………… 234
- 10. 女孩追星怎么办 …………………………… 237
- 11. 让女孩认清自己的性别 …………………………… 241
- 12. 性,不可缺少的一课 …………………………… 244

第一章
站在女孩的角度看问题

女孩喜欢和谐、融洽的交流，无拘无束地与人相处。她们不喜欢竞争，只是在寻求一种关系，在这种关系中，她们追求平等地付出与获得，她们是关系中的一分子并对它负有责任。沟通和交流是她们维持联系的方式，渴望关爱和友谊等亲密情感是她们的天性。

1. 给女孩一个温暖的家

"我想有个家,一个不需要华丽的地方,在我疲倦的时候,我会想到它。我想有个家,一个不需要多大的地方,在我受惊吓的时候,我才不会害怕……"其实不仅成年人需要一个家,孩子们,更需要一个温暖的家。尤其对于女孩子来说,一个温暖的家更有特别的意义。

女孩天生敏感、温柔,重视感情。她们不像男孩子那样具有攻击性、冒险性和控制欲,喜欢变化、投机、尝试和诉诸行动,而是追求稳定性、安全感、稳定从容。所以女孩把友谊和家庭看得比成就和机会更重要。

正因为这样,当男孩还在忙着打打杀杀的时候,女孩已经开始玩"过家家"游戏,扮演着自己感兴趣的角色。当男孩钟情于枪炮等玩具时,她们却对布娃娃有着浓厚的兴趣,甚至将布娃娃设想成一个伙伴。

情感对女孩具有非同寻常的意义。对于女孩子来说,温暖的家庭、家人亲密的关系,比一份成功的事业更能够给她们更大的满足。

妈妈总说女儿和爸爸妈妈没大没小的,有时甚至直呼爸爸妈妈的名字,或者称兄道弟的。每当这个时候爸爸妈妈总是和女儿嬉笑着逗一会嘴,引得满个楼道都是女儿的笑声。

女儿美术竞赛获得了学校的奖金,给妈妈打电话:"告诉你个好消息,本姑娘得一等奖了,100元奖金,可以满足您老一个愿望。""是吗?祝贺我们两个!"妈妈说。"什么我们两个,明明是我画画得的奖啊。有您老妈什么事啊?"女儿嬉笑着说。"丫头,你别忘了,军功章要有我的一半,我可是给你提供物质支持了啊。""刚才不是说了吗，可以满足您一个愿望，要不请您吃饭吧，不过先说好，最多请您50元，剩余的我还有别的用处呢。"女儿洋洋得意地说。"小气鬼！那好吧，我就找个档次低的饭店宰你一顿，哈哈……"听着这母女两个的对话，和她一起逛街的朋友不禁说："你女儿胆子不小啊。"妈妈自豪地笑着说："是呀，和父母这样调侃的孩子不多，但我们一直把女儿当作一个独立的人，我们是平等的。我们的关系多数时候更像朋友和哥们。"

正聊着的时候，妈妈的左肩突然被人拍了一下，妈妈回头一看没见人，等转过来之后，发现女儿笑嘻嘻地站在自己的右边。妈妈看到女儿很是高兴："丫头，怎么搞起跟踪了？还袭击你老妈呢？""人家不是急着请您吃饭，怕您饿着嘛，老妈想吃什么呢？哦，阿姨也一起去吧，今天我请客。"女儿大方地对妈妈的朋友发出邀请。"不用了，谢谢你小美女。"朋友笑着和她们告别了。女儿接过妈妈手里的东西，帮妈妈拎着。用另一只手搭着妈妈的肩，母女两个高高兴兴地向前走去。

也许就是因为这样，长大的女儿自信，乐观，勇敢，善良。遇事有主见，不依赖父母……妈妈很为女儿骄傲。

你看，温暖家庭中的女孩子是多么快乐，多么让人羡慕呀！温暖的家能给女孩以安全感，她们会感受到爱，感受到被爱和被尊重，从而也学到怎样爱他人并尊重他人，使孩子能感到"这是我的家"，从而增强了自尊和自信。温暖的家庭还能使孩子获得支持感，当孩子犹豫、彷徨，或遇到困难、挫折、灰心气馁时，可以从家庭的关怀中汲取力量，得到指引。

在一个温暖的家庭中成长起来的孩子，光明、温暖、坚定、乐观这些幸福的字眼就会伴随她们一生。

而一个不温暖的家庭则会对女孩产生巨大的伤害，在一个感受不到温暖的家庭中，女孩子无法建立起对于感情的信任，她们就会怀疑一切，就无法健康成长。

艺菡曾经是一个聪明伶俐，乐于助人的好女孩。当学校组织各种比赛

时，只要有自己所在的班参加比赛，艺菡永远是站在场边的最忠实的拉拉队员，而且她会自掏腰包给参赛队员买水喝。艺菡还是个多才多艺的女孩，不管是小提琴，或是钢琴都获得过好多奖项，英语也说得很棒。

可现在的艺菡，知道她的人都忍不住摇头叹息："多好的一个女孩呀！怎么会走到今天这样的地步。""还不是她的父母就知道赚钱，对孩子关心太少。"……

艺菡的爸爸忙于自己的公司，母亲忙着炒股，所以艺菡从小就是在保姆的照顾下长大的，用艺菡的话说，自己就像保姆的孩子一样。父母除了给她提供丰富的物质生活之外，很少关心女儿。随着艺菡长大后，保姆也走了，艺菡倍感孤单。每次去同学家做客，看到人家一家人其乐融融的样子，她很是羡慕。艺菡曾对朋友说过："我现在除了钱什么都没有，可钱有什么用呢，我宁愿忍饥挨饿，只要爸爸妈妈能陪我就好了。"

艺菡渴望爸爸妈妈的温暖，可每次，艺菡向爸爸妈妈提出的时候，他们都说："太忙了，没时间。"

很快，孤独的艺菡和社会上的坏男孩有了来往，染上了好多不良行为，早恋，酗酒，逃学，甚至在别人的引诱下开始吸毒。父母给她留的钱全用来吸毒了，等父母发现的时候，女儿已经和以前判若两人，父母恨铁不成钢，把女儿送到戒毒所戒毒。

女儿临进去的时候，对爸爸妈妈怨恨地说："是你们毁了我，我恨你们！你们就好好地赚你们的臭钱去吧。就抱着你们的钱过日子吧！我没有你们这样的爸妈。我以后再也不想见到你们……"

幸福的家庭都是相似的，但不幸的家庭各不相同。艺菡这样的家庭不在少数，现在好多父母都是"管生不管养"。孩子很多都是跟着老人或者保姆长大的，虽然衣食无忧，百般迁就，可哪能代替爸爸妈妈的陪伴？孩子渴望父母对自己的关注，孩子想有个温暖的家，这要求真的是很小很小，丝毫不过分，可我们做父母的为什么就不能满足孩子小小的愿望呢？

时常，父母会认为，自己在外面吃苦受累地挣钱，还不是为了让孩子过得好一点。可父母挣的钱越来越多，孩子们却和父母越来越生疏。父母忘了一个家庭的幸福和温暖对孩子是多么的重要。父母给了孩子生命，把孩子带到这个世界上来，他一辈子的幸福就掌握在父母的手中，当孩子的一生被毁了的时候，父母的人生还有什么意义可言。

一个温暖的家庭，意味着女孩子最早接触到的世界是明亮的，这些美好的感情会在潜移默化中影响女孩子的一生。我们的父母应该让我们的孩子在轻松愉快的家庭氛围中健康快乐的成长。孩子的笑脸是父母挣多少钱都换不来的。

另外，在一个和谐的家庭里面，父母应该是孩子最好的玩伴。在玩和游戏中，可以指导孩子从最接近、最具体的榜样身上能学到并形成同样的良好性格。家长还可以利用寒暑假带孩子去名山大川旅游，通过长途跋涉，不仅可以促进一家人的感情，家长还可以全方位地为孩子树立榜样，锻炼孩子吃苦耐劳、自信、坚定的性格。

总之，和谐的家庭氛围在孩子性格培养方面乃至一生都起到了关键作用，只要家长树立正确的教育观、人才观、亲子观，必定会创造一个有利于孩子健康成长的家庭环境。

懂得女孩，教好女孩

2. 允许女孩发发小脾气

受体内雌激素的影响，女孩天生是敏感的、柔弱的，她们更容易感到孤独、生气、易怒、神经过敏、悲伤、失望、缺乏自尊等。所以，她们会比男孩子更容易生气，时不时地发发小脾气。这时的女孩子更需要父母的关照和理解，孩子发脾气肯定有她自己的原因，只要不过分，就要允许她发发小脾气。

马上要中考了，慧慧突然变得很烦躁，动不动就发脾气。

这天吃饭的时候，妈妈只是询问了一下慧慧复习的情况，没想到竟然惹怒了她。慧慧把筷子一摔，对着妈妈就发火："你就知道复习复习，我烦死了，我什么都不想做。你就不能问点其他的？饭不好吃，我不吃了，你们自己吃吧。"说完站起来就走了。

爸爸妈妈面面相觑，妈妈很是生气，刚要发作，爸爸拦住了妈妈："她这几天压力大，允许她放肆一回吧，女儿也不容易，快中考了，每天都是复习又复习，是挺烦的。"妈妈听了爸爸的话，想到女儿近来胃口都差了，瘦了一圈，每天都郁郁寡欢的，妈妈看在眼里也很是心疼的，就没说什么。

过了一会，女儿红着眼睛从房间出来了，走到妈妈跟前说："妈妈，对不起！我不该对你发脾气，我就是心里堵得慌，这段时间连睡觉都是中考，我怕我考不好。"妈妈搂着女儿的肩膀说："没事，妈妈知道你心理压力大，可以发发小脾气，但妈妈要告诉你的是，不论你考出什么样的成绩，都是我们的好女儿，爸爸妈妈都一样爱你，我希望你能用平常的心态来看待这次考试，结果不用看得太重。对我们来说，你的快乐比什么都重要。"听了妈妈的话，慧慧突然轻松了很多，以前慧慧总怕考不好，会使自己在爸爸妈妈心里的位置有所变动。现在妈妈表明了态度，这让她认识到自己对于爸爸妈妈远比成绩重要得多。

　　父母过分关注女儿的学习情况，这种过度关怀常使孩子产生一定的压力。如果女孩觉得压力过大，就会用发脾气的方式发泄出来。幸亏慧慧有一对体谅自己的父母，他们理解女儿，给女儿平抑心情的机会，使女儿能够恢复自己的心情。

　　女孩心情不好的时候，父母要冷静地对待，不要强迫她，更不要自己也发脾气。让女孩发脾气，有助于女孩把内心积压的不满和压力宣泄出来。

　　发脾气实际上是女孩独立意识成长的标志。她们通过发脾气表明自己的态度，来引起父母对自己的关注。

　　彤彤和爸妈到好朋友素素家聚会，吃东西的时候，彤彤忙着玩素素的玩具，等她来吃时，发现她喜欢吃的草莓被素素吃完了，就大叫着发脾气："你吃了我的草莓！你赔给我！"说着就哭起来。素素吓了一跳，也哭起来。彤彤妈妈见状先跟素素说了一声"对不起"，而后抱着彤彤问怎么回事。彤彤呜咽着哭诉道："我要吃草莓！她给吃了！我要她赔给我！"彤彤爸爸不禁抢白她："哪儿有你这么不讲理的？你可以吃其他的东西嘛，再说这是人家素素的家……"彤彤妈妈用目光制止了丈夫，搂着女儿，慢声细语地说，"你是想吃草莓对吧？可是事先没有跟素素说好，她不知道给你留着草莓，结果你没有吃到，对吧？唉，这是挺叫人难受的，怪不得你要生气呢。但是素素已经吃了，叫她赔你也要到明天了，今天已经这么晚了。你看看，能不能吃其他的水果，妈妈刚才吃了樱桃，可好吃了。"素素仍然哭着，但是声音小多了，彤彤妈妈又说，"我看你是困了，今天玩儿得晚了。咱们回家吧。"路上彤彤在车里就睡着了。爸爸对妈妈说，

"彤彤今天这么不讲理，你怎么也不说她？"妈妈说，"她就是累了，孩子累的时候就可能找碴儿闹，彤彤不是不讲理的孩子。她这么困，我跟她说什么道理都没用，等她明天精神好一些的时候我再细细地跟她说一说。"

　　对于女孩的小脾气，父母要弄清女孩发脾气的原因，也许女孩是因为在学校或者在其他地方碰到了不顺心。或者在心情不好的时候，被不愉快的事情刺激到，引发小脾气。在她发脾气的时候讲道理，好多时候是没有什么效果的。这时候父母就要体谅一下她的小脾气，静静地等她发过脾气后，在合适的时间里再和她沟通，尊重她，平等地对待她，以平和商量的口气给她讲道理。

　　女孩发脾气的时候，最关键的是做父母的必须控制住自己的情绪，不要对孩子发火。一旦父母有了任何感情方面的反应，无论是怜悯、难受，还是烦躁、恼怒，都容易给孩子造成伤害。父母要保持一颗平常心，告诉自己"这是正常的，这决非意味着自己是一个无能的、失败的家长"，解决孩子的问题是首位的，面子是其次的。

3. 不要把过高的期望加在女孩身上

父母总希望自己的孩子完美再完美,别人会的都要会,别人能做的也要会做。所以对孩子要求会越来越高:成绩进了前十名,要求进前三;进了前三又要求第一;进了第一又要求年级第一……孩子画儿画得好,希望她钢琴也能弹好,钢琴弹好了,希望她再多学一门外语……

正因为有了这样的想法,父母们煞费苦心、千方百计地为孩子创造条件,不顾孩子的禀赋,以自己认定的模式塑造孩子,要求孩子只许成功,不许失败。即使自己的孩子因为自身条件不能够实现父母的愿望,家长也要努力督促孩子达到自己不切实际的目标。过高的期望,给孩子带来极大的压力。当然,也给父母带来了无限的懊恼。

很多家长没有意识到,子女能否成才并不是家长一厢情愿的事情,对孩子的期望值过高,反而会阻碍孩子的进步和发展。

小蝶今年初三了,一直以来成绩都很不错,是爸爸妈妈的骄傲,爸爸妈妈对她寄予很高的期望,在家里什么事情都不让她做,只让她好好念书,希望她今年能考进全市最好的重点中学。妈妈总是对她说"只要能考上重点中学,以后就有希望上个好大学,找份好工作了。"以小蝶以往的成绩来说,应该没有问题的。可最近不知道怎么了,她好像对学习越来越没兴趣了,总是提不起劲来看书。爸爸妈妈也跟她说了好几次:"你再努力,一定能成为学校的佼佼者,千万不能放弃。我们的希望都在你身上了。"可父母越是这样说,她越是提不起劲,对父母的话根本就听不进去。

爸爸妈妈很是发愁。

小蝶对同学说："我很累，我有时感觉爸爸妈妈很是贪心，记得我小学时，每次他们都要求满分，有一次考了97分就被训了一顿。进中学后，刚开始他们要求我要进到班级前5名，我很努力地达到了他们的期望，他们又说必须保持前三名。现在他们又要求我必须进全市最好的高中。我感觉我永远满足不了他们，还不如现在放弃。我多希望他们说，你只要正常发挥就好，上不上重点都无所谓。那样的话我可能会放下心理包袱，更努力地学了。可现在，我就想上个普通的中学，估计他们的期望就不会总是加码了。"

相信小蝶的话也是很多孩子的心里话。父母"望女成凤"的心情是可以理解的，但是，动机和具体的教育措施是两回事。如果家长总是不知足，就可能会引起孩子的反感，反而降低了她们对学习的兴趣。

李开复说："不要对孩子期望太高，更不要期望自己没有实现的理想一定要在孩子身上实现。"父母对孩子期望过高，往往是以丧失孩子的快乐为代价的。在孩子的世界里，沉重的学习任务以及来自家庭社会的压力都让孩子喘不过气来。如果父母不分情况地期望孩子达到这样那样的目标，会让孩子难以承受。

李亦菲是一个13岁的女孩，近来总说爸爸不爱她了。

亦菲有一个妹妹，学习成绩很好，而亦菲在小学时和妹妹成绩不相上下，可自从进入中学后，考试成绩不像小学时那么如人意了，她开始尝到了失败的滋味。更让她不能接受的是爸爸的态度。

期中考试过后，成绩很快下来了，姐妹两个拿着成绩单一前一后的进家了。爸爸拿过妹妹的成绩单，脸上是阳光灿烂。一个劲地夸妹妹："丫头，真不错，这才像爸爸的女儿。下次努力考得更好！"接过亦菲的成绩单一看，立马脸上就晴转阴了："唉，和你妹妹比差远了，下次再努力吧。"转头就回屋去了。

虽然爸爸没说太多，可亦菲很是委屈。爸爸的脸色代表了一切。亦菲在心里告诉自己,下次一定要考好。

可是,因为心理压力大,亦菲的成绩一次不如一次。亦菲变得很没有自信,她甚至感觉到爸爸爱的是自己的分数,而不是自己。要不爸爸怎么对妹妹喜笑颜开的,不就是妹妹成绩比自己好吗?

这天,妹妹突然对着姐姐唉声叹气的,亦菲问她怎么了,她说:"我感觉自己总是达不到爸爸的要求,他每次都说'下次努力考得更好,'我不知道他的更好是个什么概念,就感觉他总不满意。你说爸爸是不是就爱咱们的好成绩呀?"

原来妹妹也这样想。亦菲苦笑了一下,不知道说什么好。

作为父母,希望孩子的成绩好,这没什么,但也要正视现实,对孩子期望过高,不但收不到自己希望的结果,还会适得其反,孩子经过努力发现依旧满足不了父母的期望,就会对学习失去兴趣。因此,父母对孩子的期望一定要适当。对孩子期望过高的时候,想想是不是合情合理,站在孩子的角度多思考。

有一位妈妈,她曾经和女儿试着换个位置,女儿当妈妈,妈妈做女儿。妈妈的本意是想着让女儿体会一下自己的辛苦,谁知女儿向她提问题:"人家雪雪妈妈挣6千元,你怎么挣2千元呢?人家星星妈妈开宝马,你怎么挤公交呢?人家东东妈妈住很大的四居室,你怎么租房住呢?人家维维妈妈年年是先进,你怎么不是呢?……"

这位妈妈虽然很有涵养,但最终还是受不了孩子这样的提问而大发雷霆。她认为女儿怎么能不看实际情况一味地要求自己挣大钱,住好房?可女儿很委屈地说:"你平时不是这样要求我的吗?"

妈妈突然醒悟了,意识到对女儿的要求也要合情合理,实事求是。要看实际情况,而不是一味地提过高的要求。

做父母的尚且受不了孩子对自己提出过高的期望,为什么要对孩子提那么高的要求呢?这很值得我们的父母好好反思。

对于孩子,李开复的一句话很有启发意义:"如果想让孩子保持学习的兴趣,就要尽量给以他们鼓励,哪怕是一点点的进步。切记不要对孩子的期望过高,更不要把自己'伟大的理想'强加给孩子,不考虑孩子的想法和感受,不考虑孩子的具体的条件。不要把成绩看得太重,只要今天比昨天有进步就行,让孩子慢慢地一点点地进步,不要让孩子因为没有达到父母的要求而有负罪感和内疚感。"

只有对孩子不脱离实际的期望,才会起到积极的作用。所以,父母要尊重事实和孩子的能力,科学地引导和开发孩子的潜能,少给孩子增加压力。善待孩子,不要给孩子提出过高的要求,不要施加过大的压力,尤其要善待那些为了获得父母的爱而不断努力,却又不能一下子达到父母要求的孩子。

父母要在精神上多给予孩子爱和支持,让孩子感觉到父母对自己的爱是不受条件限制的;要根据自己孩子的能力提适当的要求,而不是过高的要求,让孩子能够在轻松自由的环境中健康成长。

4. 包容女孩的过失

一位教育家曾说过这样一句话："犯错误是上帝给孩子们的权利。"人非圣贤，孰能无过？何况是几岁、十几岁的孩子们呢？女孩子当然也不例外。女孩在成长的过程中，肯定会犯不少自己知道的、不知道的、自觉的、不自觉的、该犯的、不该犯的各种各样的错误。

孩子通常都有强烈的好奇心，她对自己生存成长的环境以及她所面对的精彩世界都充满了好奇。而且总是突发奇想，有意无意做出一些出格的事情，犯一些让父母难以忍受的错误。

晓然走进女儿的房间，忍不住大呼："你真让我疯了！"她看到女儿的房间里，床单上、地板上、桌子上，甚至是挂在衣架上的衣服上，到处都洒满了面粉！女儿正跪在地板上，企图把所有的地方都用面粉覆盖住。女儿听到妈妈的惊呼，抬起满是面粉的脸无辜地说："我正在制造冬天的景色，你看是不是像下雪了呀？这样不好吗？"

晓然看到满屋子的面粉，火冒三丈，狠狠地打了女儿一顿，并且惩罚女儿晚上不准吃饭。

虽然挨打了，可女儿除了很委屈地哭之外，丝毫不知道自己究竟错在了什么地方，自己制造雪景给妈妈看，妈妈为什么会不喜欢？本来想给妈妈一个惊喜的，没想到挨了一顿揍。

我们不禁感叹，孩子多好的想象力和创造力呀！却被妈妈不分青红

皂白的责罚给破坏了，虽然女儿造成的后果让大人很难收拾，可让女儿认识错误的同时，是不是该肯定女儿的独特创意，包容女儿的错误呢？妈妈粗暴的打骂和惩罚的结果是：女儿除了委屈，根本不知道错在哪里了。

面对孩子的错误，父母们应该有一份包容的心态，能包容她犯的错误，要相信孩子会主动改正错误，而不是一看到孩子犯错就心中烦恼喋喋不休地教训。

乔红下班的时候，正好看见女儿在楼下面揪着一个小男孩的耳朵。乔红当即制止了她。

回到家里，女儿气呼呼地站到妈妈跟前，一副很不满意的样子。乔红让她进屋之后，没有批评她，而是把自己带回来的漂亮贝壳送了几枚给她，并对她说："今天，妈妈要奖励你！"望着女儿惊愕的脸，乔红接着说："第一枚贝壳，奖励你对我的尊重，我制止你的时候，你马上就住手了，很给老妈面子；第二枚贝壳，奖励你的善良和正直，我全看到了，是因为那个小男孩在欺负一个小女生，给他讲理他也不听，你才揪他耳朵的。"

这时，女儿不好意思地低下头说："妈妈，我错了，再怎么说我也不应该揪小弟弟耳朵的……"

妈妈说："你认识到自己的错误了，很不错，最后这枚最漂亮的贝壳送给你。以后要注意方式，不能他欺负别人，你就欺负他，要给弟弟们做一个好榜样。"女儿感激地看着妈妈说："谢谢您理解我，我以后会注意的。"

这位妈妈对孩子的态度很让人感动。面对孩子的错误，她没有批评、指责，而是用一个小小的奖励代替了传统的惩罚，让孩子心悦诚服地认识到自己的错误。

每一个孩子都是在不断地犯错、知错、改错的过程中长大的。父母要用一颗包容的心，允许女孩在错误中成长，应该给她们犯错的权利和改正错误的机会。

当女孩犯错时,父母要引导她自己寻找原因,让他们认识到自己的错误并加以改正,这样女孩对自己所犯的错会有更深刻的认识,改正过失的自觉性也会更高,以后就会少犯或不犯同类的错。

刘雅刚买了一个新手机,还没有焐热,功能还没有熟悉,女儿突然故意把手机从楼上扔了下去。手机砸在坚硬的水泥地面上,发出了"砰"的一声,一个新手机就这样完成了它的使命。刘雅一下子火冒三丈,恨不得把女儿从楼上也给扔下去。但刘雅强迫自己要冷静,再冷静。她用平静的语气对女儿说:"你先去楼下把我的手机捡回来。"女儿知道自己做错事惹怒了妈妈,就乖乖地下楼把手机捡了回来。回来的时候女儿垂头丧气地对妈妈说:"对不起,妈妈,我只是想证明一下广告上说的对不对,但现在手机坏了,说明广告说了假话,这款手机怕摔。"

刘雅拿着已经四分五裂的手机,听了女儿的话,哭笑不得。但最终她没有惩罚女儿,而是赞扬她有怀疑精神。当然,还告诉了女儿什么样的事情能做,什么样的事情不能做。看到妈妈没有责备自己,女儿非常高兴地接受了妈妈的意见,并向妈妈表示以后再也不随便损坏东西了。晚上,女儿主动对刘雅说:"妈妈,为了弥补我今天的过错,我要帮你洗碗。"还没等刘雅反应过来,女儿已经抢着洗碗去了。接下来的一段日子里,女儿都表现得特别好,没事就帮着妈妈做家务,她在用行动弥补自己的错误。

面对孩子"不合常理"的错误举动,身为父母应该学会冷静对待,压下火气,多理解孩子多包容孩子,耐心问明孩子做事的理由,再温和地教导,千万不可感情用事,对孩子非打即骂。这样不利于孩子的成长。

父母如果能包容孩子的错误,孩子就能够面对错误,就能够改正错误。在日常生活中,父母要多站在孩子的立场上,设身处地体验孩子的真实感受,多一分对孩子的理解,少一分对孩子的训斥,只有这样,才能加强和孩子之间的沟通,创造孩子成长的宽松氛围。

懂得女孩，教好女孩

家长平时总要求孩子学会包容，我们也应该包容孩子，正确面对孩子成长中的诸多问题。给孩子一些时间和空间，她会表现得更好的。

不过，包容孩子也不能过度，不能错误地将包容理解为纵容。

曾经听到过这样一个笑话：一个爱占小便宜的家长见儿子从外面拿回来一把扇子，高兴地拿下来了。过了一会儿，儿子又拿回来一把火钳子，家长又高兴地接下来了。再过了一会儿，儿子又拎回来一只煤饼炉。正当家长准备接下来的时候，听到外面的邻居叫起来了："我回家拿了一下火柴，一眨眼的工夫，怎么都不见了呀？"

这是一个笑话，但我们也应当从中悟出一些道理：孩子犯错误之后，应当及时指出孩子的错误。如果不及时指出，包容甚至于是纵容，那孩子只能犯越来越大的错误。

5. 冷静对待女孩的顶嘴

随着孩子逐渐长大，父母发现乖女儿不再像以前那么听话，变得伶牙俐齿，开始与父母顶嘴了。有的父母一时难以接受女儿的顶嘴，忍不住对女儿大发雷霆。

思思一直在学小提琴。有一天，妈妈让她拉一曲听听，正在看图画书的她就拿着小提琴胡乱地拨拉了一通。

妈妈生气地说："你是怎么学的？拉得还没有爱爱好呢，人家没你学得早，可都比你拉得好。"

妈妈本来是想激励一下女儿，可女儿并不买账，还说："妈妈，爱爱拉得好，你让她当你的女儿吧！"说完扔下小提琴继续看自己的图画书。

妈妈愣在一旁，半晌不知道该说什么。

对于女孩的顶嘴，父母要分清原因，检查一下女儿顶撞自己的原因，是不是自己对女儿过于专制了，比如，孩子正在看图画书，就要她马上去弹琴，孩子怎么能够接受呢。

其实，顶嘴没有父母想得那么严重，孩子会顶嘴，父母应该感到欣慰，因为这是孩子自我意识增强的表现，要是孩子只会逆来顺受，那才真正要发愁了。父母切不可认为孩子顶嘴是不服从自己的教导，不尊重自己，因而责骂孩子。

在一定程度上，"顶嘴"是孩子心理成长的一种表象。孩子逐渐明

白自己喜欢什么，不喜欢什么，想做什么，不想做什么，开始有了自己的意愿和主见。但由于这个时候孩子的自我意识还不完整，她们还不懂得或没有掌握用恰如其分的方式表达自己的想法，就选择了最简单的表达方式——顶嘴。

父母要善待孩子的顶嘴，引导孩子明白真正的道理，这样才有利于孩子的进步。

10岁的萱萱，有一次做作业，字迹非常潦草。爸爸发现后让她重写，并苦口婆心地说："写字潦草说明学习不认真，这是学习的基础，如果基础不打好，就和盖楼一样，准盖成歪楼。"

谁知女儿却不以为然，而且顶了爸爸一句："歪楼有什么不好？"这时爸爸没有发火，而是冷静下来，表现出很感兴趣的样子问道："你说说，歪楼怎么个好法呢？"

女儿很自信地答道："就像意大利的比萨斜塔，可以让人参观呀！"

听罢爸爸哈哈大笑，竖起拇指赞叹道："闺女，你真有自己的主意。"

女儿很高兴，爸爸进而引导她弄清比萨斜塔的美及构造原理和学习要打好基础的区别，女儿听得很认真，并主动重写了作业。

对孩子的顶嘴，父母首先要做到冷静，不要急于管教孩子，不容孩子申辩，把自己的意志强加给孩子。孩子一旦发表自己的意见和想法就认为孩子不懂事，就要发火，要教训孩子，这样只会激起孩子的反抗心理。孩子顶嘴的时候，父母要冷静下来，认真思考一下自己的要求是否合理，听一听孩子顶嘴的理由，让孩子把想说的话说出来。然后采取恰当的谈话方式，引导孩子，和孩子沟通，相互交流意见，达成一致，使孩子明白其中的道理。

一帆从小就喜欢唱歌。家里来了客人，不是缠着叔叔阿姨唱歌，就是硬要叔叔阿姨听她唱歌。老师也经常夸她歌唱得好。可是近一段，老师向一帆的父母反映，上课让一帆唱歌，一帆就是不愿意唱。

吃晚饭时,一帆的妈妈把老师反映的情况一说,问一帆为什么不唱歌了,一帆大声说:"就不唱!就不唱!我就是不唱,你管不着。"

听了女儿的话,妈妈立马火就起来了:"人不大脾气还不小,长本事了,学会顶嘴了?"

接着"啪"一巴掌打在一帆的屁股上,一帆大哭起来,跑进屋里关上了门。

第二天,爸爸回来了,听了这件事,他心平气和地问一帆是不是在学校发生了什么不愉快的事情,为什么突然不愿意唱歌了,一帆说:"诗诗唱歌结结巴巴的,老师还表扬她,说她唱得好。我唱得那么好,老师还说我唱得没有感情。"

爸爸明白了,女儿是心里有"疙瘩",对老师产生了抵触情绪。

明白了一帆不唱歌的原因,爸爸把女儿带到专业的音乐老师那里,让女儿听音乐老师唱那首歌。听完老师的示范,女儿红着脸说:"我把一首献给妈妈很深情的歌给唱的没有感情了,只是把歌词给唱出来了,没体会歌词里面的感情。老师批评的对,是我错了。"

爸爸对一帆说:"诗诗唱歌结结巴巴的,老师表扬他,是为了鼓励诗诗,让她树立信心,而你唱得虽然好,但是还有不足之处,老师指出来,是对你提出更高的要求,希望你以后能唱得更好呀。"

一席话说得一帆不好意思地低下了头,她对爸爸说:"是我错了,我明天就去给老师道歉。"

对于孩子的顶嘴,有的父母习惯用简单的办法打发这种令人头大的顶嘴,他们要么嫌麻烦,就顺从孩子的意愿,图个清静;要么就像一帆的妈妈一样,抡起巴掌强行打断女儿的顶嘴。其实,站在儿童的角度,这两种解决方法都是极不可取的。对付孩子的顶嘴,还得用巧招。

第一,先说服自己,再说服孩子

心理学家告诉我们,没办法有效地让孩子停止顶嘴的家长,往往自我控制的能力都比较差。粗暴急躁地处理孩子的顶嘴是缺乏责任心的表现,要想取得主动,就不要冲动。

家长往往很容易借题发挥，把自己的怨气带进孩子的世界。父母应当学会控制自己的情绪。谁都不喜欢被拒绝，但一旦你明白孩子的顶嘴多半是由于她们还没学会恰当的表达方法时，你又何必发火呢？粗暴的言词一旦伤害到孩子幼小的心灵，损失就很难补救了。

第二，告诉她，你不喜欢这样说话

许多父母在无意中纵容了孩子的顶嘴，要么哄，要么顺着孩子的意思做，这是十分糟糕的——这无疑是在告诉她们，顶嘴是有效的心情表达方式。她一次得逞，难保以后不会频繁地使用这个武器。如果你不想看到孩子成为一个稍不满意就顶撞大人的孩子，就要明确地告诉她，顶嘴是错误的表达方法。

要注意和女孩的沟通方法。与其直截了当地说"不许顶嘴"，还不如说："宝贝，我理解你的感受，但是你能换一种口气说话吗？"或者说："孩子，爸爸不喜欢你这样说话，但你可以慢慢用你的道理说服爸爸。"如果她正在气头上，我们也可以说："我知道你现在很生气，等你冷静下来我们再谈好吗？"家长还可以试着用肢体语言教孩子，比如，当孩子顶嘴时，把食指放在嘴唇上，做一个"禁止出声"的手势，一开始孩子可能不适应，反复几次之后，她就明白父母的意图了，没准儿还会给父母回一个鬼脸呢。

第三，和孩子沟通

沟通是积极应对和有效预防顶嘴的重要方式。在与孩子沟通时，父母要允许并鼓励孩子表达自己的想法，倾听她们的心声。不要动不动就给孩子扣上"无理"、"顶嘴"的帽子。其实，孩子在表达自己愿望的时候，有时过于执著，会与父母或其他人发生争执，甚至表现出一些执拗，作为父母应当充分理解孩子，如果我们从积极、正面的角度看待这个问题，孩子的顶嘴就是她独立性发展的一个标志。因为她长大了，有了自己的想法，对事物有自己独到的见解，所以她会说出与我们不同的观点，特别是有主见的女孩，顶嘴的现象会频繁地出现。我们不仅不要轻易制止她们，还要学会耐心倾听，在沟通中，与孩子平等对话，引导孩子学会清晰地表达自己的意愿，学会讲理，而不是顶嘴。

第四，进行冷处理

如果遇到孩子无理顶嘴时，适度的冷淡是必要的，因为一味地纠缠、争辩，会加重孩子消极的行为。如果父母用冷漠的方式处理孩子的顶嘴，孩子也就没有顶嘴的对象，她的顶嘴也就停止了。但平静后，父母还要给孩子讲清道理，让孩子体会到，顶嘴是解决不了问题的。孩子顶嘴行为经常遭到冷遇，她的顶嘴频率就会逐渐降低，时间长了会慢慢消失。

6. 善听女孩的弦外之音

女孩子都是矜持而含蓄的,她们在表达自己的意愿时,不会像男孩子那样直截了当,而是含蓄、隐蔽、委婉地将自己的意思表达出来。

父母要善于听女孩的弦外之音,弄明白女孩的真实意图才能更好地理解孩子。许多父母经常自以为是地评价,错误地理解孩子的话,就会引起女儿的反感和反抗。

吃过晚饭,爸爸坐在沙发上看电视。小美写完作业后,围着爸爸抱怨今天在学校和同学闹别扭的事。爸爸也许心里正烦着呢,就对女儿的话没有理睬。见爸爸对自己的话没反应,小美就提高声音说:"爸爸,我在跟你说呢,你听到了吗?"爸爸不耐烦地对女儿摆摆手说:"你安静一会儿好吗?烦死了,就不能让我清净一会儿。"

小美的声音弱了下来。突然,她小声说:"爸爸,我差点儿忘了,老师让买一盒水彩笔和……"

"怎么不早说?累死了,还要出去给你买,你就不能体谅体谅大人?"爸爸不耐烦地打断女儿的话。

谁知当爸爸站起来要去给女儿买的时候,小美气呼呼地说:"不买了,我不要了。"扭头就要回屋里去。"回来,你怎么这么不听话,说走就走。"爸爸生气地对小美吼道。

回过头,小美眼泪汪汪地说:"爸爸,你知道吗?我也很可怜,你和妈妈心情不好的时候就会对着我发脾气,可我心情不好的时候别说发脾气了，跟你们说一下你们都不愿听，你知道吗？我有时候也很难受的……"

女儿的话让爸爸愣住了，爸爸内心再也无法平静。是呀，就因为今天自己心情不好，就对女儿乱发火，把在工作、生活上的压力和烦恼造成的不良情绪都发泄到女儿身上，全然不顾女儿的心理变化和承受能力。

"我也很可怜"，这句话使爸爸猛醒，女儿的这句话包含了她太多没法说出的内心感受。他知道，自己粗暴的态度已经伤害了孩子幼小的心灵。

从这以后，爸爸就开始有意识地给自己的心灵留出一块空间，让它去容纳孩子的喜怒哀乐。他知道不仅应该在学习和生活上关心女儿，更应该悉心去体味孩子那一颗渴望得到理解的心。

女孩的性格总是让人捉摸不透，原来是因为父母没有听出她的"弦外之音"！父母应该学会聆听孩子的心声，用心去倾听孩子的弦外之音，了解孩子内心的真正想法和需要，帮孩子分担忧愁，分享快乐，用父母的细心体贴为孩子驱散所有的不快乐，给孩子一个爱意绵绵幸福的家庭环境。

韩宜是一个乖巧的女孩，很少乱发脾气。这天，妈妈的朋友带儿子过来玩，小家伙虎头虎脑的很是可爱，妈妈见了就接过来抱着，不停地逗他玩。这时在一边画画的韩宜见了，突然走过来把电视打开，而且声音开得很大，连说话声都听不到，妈妈对韩宜说："宜宜，把电视声音调得小一点。"可女儿对妈妈的话充耳不闻。妈妈就自己站起来把电视给关了，这下可惹着韩宜了，躺在地上就哭。

妈妈问："你哭什么呀？你不是在画画吗？你又不看，开这么大声音影响我和阿姨说话。这孩子今天是怎么啦？"

妈妈抱着小弟弟去拉韩宜，谁知韩宜一下子就躲开了，嘴里还说："你抱他吧，你爱他吧，不要你管我……"

哦，妈妈终于明白女儿为什么闹情绪了，原来小丫头是吃醋了！感觉妈妈冷落她了，这样做是要引起自己的注意力啊。妈妈赶忙放下小弟弟，

抱着女儿的肩膀说:"我怎么会不爱你呢,你可是妈妈最疼的宝贝呀!"

韩宜听了妈妈的话,就停止了哭闹,很听话地去画画了。

女孩做出这样的举动,就是认为妈妈不疼爱自己了,所以通过搞点违反常规的举动来吸引妈妈的注意。如果父母及时发现了孩子发出的需求信号,对她关注起来,她就会停止自己的举动,如果父母没有及时听出孩子的"弦外之音",依然没有关注她,她就会闹得更凶。

所以,父母一要注意倾听,了解孩子表达的真实意思,千万不要对孩子发脾气。这不仅是在对孩子进行平等做人、平等对待别人、平等对待自己的教育,也是走进孩子心灵的有效手段。真正学会从孩子的倾诉中真切地感受和把握孩子的喜怒哀乐,真正了解孩子在想些什么,要求什么,希望什么,才能真正领会孩子的思想意图。这样才可以分享孩子的快乐,真诚地为孩子的进步而高兴,为孩子的成功而喝彩,才能有效地用父母的体贴去化解孩子的烦恼,营造出充满爱意的温馨家庭环境;也才能赢得与孩子的真诚友谊。因此,作为父母千万不能忽视倾听孩子的弦外之音。

第二章

关爱女孩　尊重女孩

　　每个女孩都是一粒亟待发芽抽枝、开花结果的种子。也许她是花朵，将来会绽放出绚烂的玫瑰；也许她是一株小草，将来会焕发出绿色的、倔强的生机……然而有一点不容置疑：每个女孩都是与众不同的。

懂得女孩，教好女孩

1. 女孩没有你想象的那么脆弱

下面这些场景，大家应该都不陌生：在一场游戏中，孩子一个人在参加游戏，而七位"家长"陪在门外，除了爸爸妈妈、爷爷奶奶、外公外婆之外，还有保姆，随身装备齐全：饮料、蛋糕、毛巾……好几大包。不过这些家长还唯恐准备得不周全："万一需要而没有带怎么办呢？"

有些父母总是想要阻止孩子自己活动，不愿给孩子哪怕一点自由。而且这样做的理由非常充分——孩子还小，害怕孩子有危险。

在父母眼中，孩子总是脆弱的，什么事情也不懂，不好好照顾就会出问题。尤其是女孩子，在家长眼中就是"柔弱"的代名词，需要呵护和精心的关怀。

女孩真的有这么脆弱吗？有这种想法的父母们，你们一定不会相信一个10岁的女孩能够独自出去旅行。

年仅10岁的女孩马宇歌，和同龄的孩子一样，每天背着书包上学、下学，课间跟小伙伴儿一同游戏，课后一样与大家写作业。虽然她并不比别的孩子拥有更多的时间，但她却比别的孩子走了更多的路，见了更多的人，做了更多的事，也有着更大的知名度。

马宇歌上小学4年级时，就从北京只身去南京会见一位阿姨。这个阿姨想写一本有关马宇歌成长历程的书，特别邀请她到家中做客访谈。马宇歌则借这个机会，顺便访问了大江南北的一些朋友。

第一次只身离开北京，跨越苏皖两省、行程4400多公里、连续28天圆满的独自游历，小宇歌探索大千世界的心扉，一下子被彻底打开了。从此，她在父母的支持下，利用假期开始不停地独立闯南走北。她自己拟订了一个计划，到14岁时要只身走完中国内地所有省份，实现"读万卷书，行万里路，交万名友"的非凡理想。

靠着"初生牛犊不怕虎"的闯劲，马宇歌利用长假和周末，在13岁那年提前完成了计划，只身走完了31个省的200多个地方，行程长达30万公里，交了1万余名朋友，写下40万字的随行日记。

马宇歌去过的地方，既有富裕的大城市，如上海、天津、重庆、广州、哈尔滨、温州等，也有较贫困的地区，如湖北大别山上的罗田县、青海的湟中县、宁夏的同心县；既有革命圣地，如延安、井冈山等，也有地形地貌十分独特的边陲要塞，如大小兴安岭、舟山群岛、西藏、新疆、海南岛等，包括三军哨所。每到一处，深入当地人家，与他们同吃同住，感受不同风俗民情，结交四方之士。马宇歌也学到了书本上永远也接触不到的有益知识和本领，对一个孩子的茁壮成长弥足珍贵！

马宇歌随着行走和思想的不断深入，越来越感觉自身渺小，希望通过行为感染更多的人和朋友，都来努力自强自立。因为生活真实的一面，其实最终是要依靠自己流汗去闯才能获得真知灼见的。

女孩其实并不是你想象得那么脆弱，那么弱不禁风。她们都有很好的自我保护意识。研究证明，孩子还是一个胎儿的时候，就已经有了各种能力，一出生便有了各种潜能，有着惊人的适应能力。在孩子的成长过程中，只要给孩子成长的空间，孩子往往比大人想象的勇敢和有能力，她们完全可以照顾好自己，成长得更快更好。

有一位朋友，她的女儿在读小学3年级之前，她每天都要亲自接送，生怕女儿出一点闪失。但是有一次因为单位有事，实在走不脱。很晚才抽空去接女儿，结果女孩已经自己走了。因为从学校回家走路要半个多小

时，她和老公找不到女儿，急得打了110报警。

结果只是一场虚惊，女儿已然安全走回家了。

经过这件事，这位朋友反倒想开了，女儿并不像自己想的那么脆弱。从那以后，她逐渐放手，让女儿自己上学，除了下雨天，从不接送。这个朋友给女儿的最大奖励就是每天适当地夸奖她。

现在，她的女儿已经上初一了，自我管理能力和独立性比同龄人都强，学习也很棒。

因为某种顾虑就生硬地阻止女孩的行动，父母这样做其实是比较自私的，考虑的只是自己的担忧，做决定的唯一依据就是让自己少操心，让自己放心，而不是让女孩快乐并得到锻炼的机会。

就以上学这件事来说，有的父母因为担心马路上车太多不安全，女孩读初中了还托付爷爷奶奶接送，总是担心孩子会出什么问题。

检验父母给女孩的爱是否优质，有一个衡量的标准，那就是父母是否愿意充分对女孩放手，是否愿意推动女孩自主和独立。

凡是在女孩的事情上大包大揽，甚至在思想上也不让女孩独立的父母，他们表面上付出了很多的辛苦，其实他们的思维方式总是以自我为中心，首先考虑的是满足自己的想法，而完全没有考虑女孩的心理需求，没有意识到女孩的独立性需求生长。密不透风的"呵护"和"指导"，占满孩子的所有成长空间，夺走女孩一次又一次自我教育和自我成长的机会。到女孩长大之后，天性中许多潜在的能力严重"退化"后，家长又来抱怨孩子"不懂事"、"没出息"、"无能"等。

从父母的角度来看，放手让女孩自己做事，与其说是锻炼女孩，不如说是在考验父母。所以，家长应该比女孩更勇敢一点，应该比女孩更有勇气接受这种挑战。

放手不是冒险，而是让女孩通过种种实践机会，锻炼女孩的胆量和能力，从而能够学会防范危险。如果父母总是前怕狼后怕虎，把女孩保护得严严实实的，将来她真的遇到什么事，可能就会没有能力和勇气去面对。这如同孩子在学习走路的时候一样，父母越担心孩子摔跤，不让孩子学习走路，结果以后她就会走得更艰难。其实，孩子走路的能力超乎父母的想象。父母替女孩做事，那是很容易的，每一位父母都可以做到这一点。对于父母来说，最难的是不替女孩做事。

要注意让女孩有机会独立做事，独自承担责任，独自解决问题。凡是能让女孩自己做的，家长就不要插手，凡是需要女孩独自思考的，父母就不要急于出主意。在女孩面前，父母要表现得无能一点，无知一点，要多给女孩提供一点锻炼的机会。

第二章 关爱女孩 尊重女孩

2. 让女孩远离伤害

常常听说某女孩被诱骗，某女孩被拐骗的事。这使我们在愤慨之余，不禁要问：为什么这些女孩会上当受骗呢？

寒假的一个下午，六年级学生刘欣怡一个人在家写作业。"当当"，响起了敲门声。刘欣怡非常警觉地问："谁呀？"妈妈经常给欣怡说要小心坏人，不能让任何陌生人进家，欣怡牢记妈妈的话。

"修煤气的，"敲门人接着说："煤气味闻到了吗？楼下的煤气管爆了，管道一直裂到你们家，必须赶快抢修，不然要发生爆炸。"门外的人说得十分紧急。

欣怡知道煤气泄露是容易中毒死亡的。万一自己被毒死了可怎么办？这可不成，自己就再也见不到爸爸妈妈了，他们也会很伤心的。虽然这样想着，可欣怡还是很小心，她透过猫眼往外看了看，只见两个中年人穿着工作服，和过去来自己家检修煤气的工人师傅一模一样。欣怡想，应该是检修煤气的来了，不会错的。不能等爸爸妈妈回来了，万一时间长了等煤气泄漏到一定时候爆炸就惨了。

于是，欣怡就打开了防盗门，让他们赶紧检修煤气，谁料想，门刚一打开，两个人就迫不及待地挤进了屋，并"嘭"的一声把门反锁上了。还没等欣怡反应过来，就迅速捂住欣怡的嘴，并用一块毛巾堵住欣怡的嘴，两个人将欣怡捆得结结实实的，扔在沙发上。欣怡恐惧万分，眼睁睁地看着他们开始了大肆"掠夺"，然后扬长而去。

等爸爸妈妈回来后，看到家里被翻得不成样了，而可怜的小欣怡还被捆着扔在沙发上，妈妈吓得腿都软了，爸爸连忙给欣怡拿掉毛巾，松开绳子，小欣怡见到爸爸妈妈回来，哇的一声大哭起来，吓得连话都说不清了，在欣怡断断续续的话中，爸爸妈妈听明白了，也暗自庆幸他们只是劫财，没有对女儿造成更大的伤害。

犯罪分子之所以喜欢诱骗孩子，自然是孩子小不懂事，容易欺骗。这样的伤害会使孩子精神受到较大刺激，尤其是一些小女孩还会受到更为严重的伤害，有的小学生甚至在反抗时被杀害。对于这样的情况，爸爸妈妈一定要教会女儿如何应对，特别是自己在家的时候对千万不要给陌生人开门，特别是对自称修煤气、修水表、修电表、修电话等的来人，可以给爸爸妈妈打个电话，或者给小区物业管理部门、派出所等打个电话，问一下情况，一定要学会保护自己。

周日的一天，6岁的锦锦和几个小伙伴正在小区的楼下玩。这时，一个三十多岁的妇女走过来，对锦锦说："你就是锦锦吗？"锦锦警觉地看着她说："是的，你是谁？怎么知道我的名字？"那个妇女说："我是你妈妈单位的，是你妈妈告诉我的。今天你妈妈和我一起逛街时突然晕倒了，现在正在医院。我特意过来接你去医院看妈妈的。我们快点走吧。"

锦锦知道妈妈和一个阿姨逛街去了，听说妈妈晕倒了，锦锦不禁担心起来，正要跟这个妇女走，突然，想起妈妈临走时交代自己的话，只要是不认识的人一定不要跟他走。锦锦想了一下，感觉不对劲，按理说妈妈的朋友自己都见过，为什么这个没见过呢？就问那个阿姨："你是妈妈的好朋友，我怎么没见过你？"

为了让锦锦相信自己，那个妇女又对锦锦讲："我刚进你妈妈的公司。你妈妈说你叫锦锦，在楼下玩，穿红色的上衣，蓝色的牛仔裤，你看阿姨说得对吗？"说完就要伸手拉锦锦走，锦锦可是个聪明的女孩，平时在电视上也看过好多被拐骗儿童的事情，妈妈也给她讲过很多的，她想起了妈妈说的话，就对那个妇女说："那你告诉我，妈妈叫什么名字？我记得妈

妈说今天和我认识的李阿姨去逛街了呀。"那个妇女一看这小丫头不好骗，就说："瞧你，还怕阿姨骗你吗？快点走吧，妈妈在医院等着呢。"就又要过来拉锦锦的手，锦锦见她答不上来，心里就明白自己真的遇到骗子了。她看到不远处有一个自己小伙伴的妈妈过来了，就大声地对那个阿姨叫起来："妈妈，妈妈，我在这呢，这个阿姨说是你的朋友，还说你住院了呢？"边说边跑向那个阿姨。这个妇女见了马上以百米冲刺的速度跑开了。

聪明的锦锦之所以没有被骗，一方面是因为小丫头的机灵，更多的是爸爸妈妈平时对她安全意识的教育。孩子终究会渐渐长大，她们越来越多的时间会在父母的视线之外度过，在没有大人保护的前提下，孩子掌握这些安全知识，就会多一份安全，让父母多一份放心。

作为父母，不光要让孩子知道社会上阳光的一面，还有责任让女儿知道不好的一面，教会女孩从小保护自己的能力。如果不进行安全教育，孩子生活在父母为她构建的"童话世界"内，可能会每天都很开心，把每个人都想象成好人，自然也就无所顾忌，但是一旦某一天她真的遇到了其中的某件事，她会不知所措，甚至失去保护自己的能力，这是任何一个家长都不愿意看到的事情。

雪儿是一个很漂亮的乖巧的小女孩，一天放学时，雪儿在校门口等待妈妈来接她回家，这段时间妈妈单位加班，总是不能按时接自己。

正等得焦急的时候，"雪儿，等着急了吧，你妈妈让我接你回家。"雪儿回头一看是一个不认识的男人，就听那个男的对雪儿说："我是你妈妈的同事，你妈妈今天加班让我顺路把你带回家，上来吧。"雪儿看这叔叔不像坏人，而且还知道自己的名字，知道妈妈近来加班，就相信了他是妈妈的同事，上了这个叔叔的车。

谁知，走着走着，雪儿感觉不是回家的路，就说："叔叔，你走错了。""哦，现在时间还早，你妈还没回家，我先带你去其他地方玩玩。"

最后，把雪儿带到了一个偏僻的地方，竟然把雪儿给伤害了……然后，按照雪儿说的地方把雪儿送到附近，并警告雪儿不准告诉别人，更不准告诉爸爸妈妈,就开车走了。回家后,妈妈正着急的四处打电话问是谁把女儿接走了,见她回来就问:"听同学说你被一个叔叔接走了,是谁把你送回来的?"雪儿说:"是你的同事,说你加班呢,顺路带我回来的。"妈妈见雪儿平安回来,也没有多想就去准备做饭了,可一回头发现雪儿的裤子上有血迹,不禁大吃一惊,赶忙脱下女儿的裤子查看,这时雪儿说:"妈妈,好疼!"在女儿的诉说中,妈妈差点晕过去,她知道女儿发生了什么。

雪儿的妈妈悔恨不已,若不是自己每天加班,接女儿不及时,也不会被别人骗走,受伤害,如果自己教会女儿如何保护自己不受伤害,如果自己告诉女儿在任何情况下都不要跟陌生人走,这些都是可以避免的。这无法挽回的伤痛将伴随女儿的一生,也让自己自责一生。

经常看到新闻媒体报道许多令人发指的对于儿童的性侵犯案件,女孩是美好的,也是柔弱的,一件件令人掩面的案例描述着一个个本应灿烂微笑、自由奔跑的女孩梦碎的经历。作为父母,应该提高警惕意识,并对孩子进行必要的安全教育,让花朵远离魔掌的摧残。

父母一定要告诉孩子,特别是女孩子,她们身体的哪些部位是绝不能被触摸的。万一被人触摸一定要马上告诉父母,要记住家庭住址、家里的电话、父母的名字、工作的单位、父母手机号或其他联系方式。父母接孩子一定要按时,如果不能按时就提前给孩子打招呼,让她放学在校园内等待,或者给老师打电话,让孩子多留一会,或者让其他的亲人来接孩子。最重要的是教会女孩怎么防范,告诉她遇见什么情况时,应该怎样应对。比如,有其他人企图领走她时,她该怎么办?然后告诉女孩对于发生这类的事应该如何处理。这才是首要的问题,千万不要在孩子安全方面敷衍了事,否则后果不堪设想。

3. 欢迎女孩把朋友带回家

一个没有朋友的人，就会少了许多欢笑。对孩子来说，交往是一种重要的精神需求。对于女孩子来说，更是打开通往外界的窗口。一个真诚、善意的朋友，能够在女孩失败时给予慰藉，胜利时给予欢笑。

有些家长为了不耽误女孩的学习，或者不愿意女孩和一些淘气、学习不好的孩子交往，往往会反对孩子交朋友，总是将女孩孤独地封锁在自己的小天地里。却不知道这样做，会让孩子的交往需要得不到满足，那么女孩就会失去安全感，变得抑郁、冷漠、孤僻。

嫣嫣和然然是一对姐妹，提起父母对自己交友的干涉，很是不满。特别是爸爸，对她们的朋友总是出奇的敏感。如果是女朋友的话，挨个审查，像查户口一样把人家的家庭地址、学习情况、家里的电话号码、QQ号全都记录在案。而且要求特别多：话太多的不能交，心眼多的不能交，不放心；过于呆板的不能交，怕女儿学傻了；过于漂亮的不能交，容易惹事……如果想和男同学来往，更是免谈。所以，嫣嫣和然然基本没什么朋友。

有一天，在上学路上，她们刚好碰到同班的两个男同学，就结伴同行。谁知，放学回家，爸爸妈妈就对姐妹两个开审了："今天和你们两个一起上学的男孩是谁，一个高的，瘦瘦的，带个眼镜，另一个胖胖的，穿个蓝上衣，手里拿本书，耳朵上还夹支笔。"姐妹两个一听，相互望了一眼，感觉爸爸妈妈赶上神探了，知道得这么清楚，自己还没注意同学耳朵上夹支笔呢，就对爸爸妈妈说："同班同学，顺路一起回来的。"

"是吗？"爸爸不信任地说。

姐妹两个顿时没有好气地说："不就是一同上学吗？再说了，他们只是同班同学而已，你至于吗？像审犯人一样。"说完，两姐妹站起来回屋了。

有一次，然然带了个女同学回家，这女孩子穿得比较时尚，就因为这个，又犯了爸爸的忌讳。同学走后，爸爸又来训话了："你怎么交朋友的？打扮得像个蝴蝶一样，不是什么好女孩，以后别和她来往了，更不要带到家里来了。"

然然忍不住大声对爸爸说："人家怎么不是好女孩了？她在学校学习好，和同学相处好，老师同学都喜欢，穿得时尚怎么了？人家家里有这样的条件，你不要拿你的老眼光看人。"

后来，姐妹两个再也不带同学回家了，也不去其他同学家，朋友越来越少，也越来越不开心，对爸爸妈妈意见也是非常大，动不动就和爸爸妈妈吵嘴。

父母们可以想一想，不让女儿和朋友们交往，真的是对孩子的负责吗？也许，您的家庭中没有这种"比较过分的事件"，但您是否给孩子的成长提供过一些与伙伴交往的机会？

幸亏女儿的妈妈经亲戚提醒，很快发现了女儿们的不快乐，找到了问题的所在，就与丈夫一同和女儿们交流了一番，爸爸妈妈发现了他们对女儿造成的影响，保证不再对她们交友问题有太多个人限制，只要是正常的交往都不再干涉了。姐妹两个一听高兴地跳了起来，连呼"爸爸妈妈万岁！"，看女儿这样开心，爸爸很是后悔当初剥夺女儿交友的权利。很快，女儿们就找回了往日的自信和好心情，成绩也提高了，更让人欣慰的是，女儿变得更懂事了，不再和爸爸妈妈对着干了。

周末女儿带朋友们回家玩，而爸爸妈妈也一改以往的态度，每次女儿的朋友要来就准备一些她们爱吃的水果和零食，欢迎她们来自己家做客。家里充满了孩子们欢快的笑声。

懂得女孩，教好女孩

一般来说，父母都会懂得孩子交朋友的重要，只是对孩子的交往不放心，往往就严加控制，从而导致和孩子的矛盾激化。也许，父母换个思路效果会好些：孩子交朋友是她自己的事情，父母的责任是尊重和是引导，而不是禁止和干涉。

父母应该鼓励女孩进行积极的人际交往，要支持女孩多跟同学交往。如果她交朋友有困难，父母还应该教给女孩交朋友的方法，帮助女孩交到朋友。这对女孩的成长，大有好处。

在妈妈眼里，雅琦是个文静、懂事的女孩，每天上学、放学都按时回家，学习也从来不用父母操心。

不过自从上了初中以后，妈妈发现她整天待在家里，周末也不出去玩，也从没见她带同学回家。

后来通过老师才了解，原来雅琦在学校里就不太与同学交往，在同学中人缘也不好，同学们也不太愿意与她一起玩。难怪雅琪整天待在家里。

雅琦的妈妈感到了问题的严重性，为了帮助孩子多交几个朋友，雅琦的妈妈主动地和雅琦谈论自己的同事，说自己跟哪个同事比较要好，经常与她谈生活中遇到的麻烦事。妈妈还邀请那些有孩子的同事到家里来玩，并请雅琦帮忙招待小客人。有时候，妈妈还带着雅琦去别人家做客，还邀请其他父母带着孩子一起去郊游、野炊等。

渐渐地，妈妈发现雅琦的笑容越来越多了。直到有一天，雅琦对妈妈说："妈妈，我明天要带一个同学来家里，你帮我买点食品招待同学，好吗？"

妈妈高兴地答应了。

对一个女孩来说，在与小伙伴交往过程中，不仅可以享受玩耍的快乐，还会获得更多的心理满足感，甚至会结交到受益终身的良师益友。家长应该鼓励孩子多参与有意义的社交活动并结交朋友，让孩子的成长之路不会感觉到孤单。

第一，教给孩子正确的交友方法。孩子们在一起难免有磕绊摩擦。遇到孩子发牢骚、对小伙伴抱怨这种情况时，父母千万不能火上浇油，顺着孩子批评小伙伴在什么地方做得不对，更不可对孩子的伙伴评头论足。对于孩子的倾诉，首先要乐于倾听，教育孩子要尊重友谊，寻找自己在交往过程中的缺点和不足，这样，孩子在交往过程中遇到问题的话就不会怨天尤人，而是平心静气检讨自己。父母应该注意的是要以身作则，不要当着孩子的面议论朋友的过错。

第二，不要干涉孩子交友。父母可以教育孩子应该树立正确的择友标准，但是，父母不能按照自己的意愿和意志决定孩子选择什么样的朋友，"某某学习好"、"某某家庭条件好"，这种一味攀高的心态绝不可取，这个阶段孩子选择的可能是影响一生的朋友，父母的横加干涉极有可能给孩子造成消极影响。

第三，欢迎孩子带朋友回家。有些父母总是不愿孩子把朋友带带回家。其实，孩子把朋友回家，才能够体现出孩子交朋友的真心，才能够让孩子在朋友面前有面子。如果不让孩子带朋友回家，孩子就会感到在朋友面前没有面子，不利于孩子的交往。

第四，鼓励孩子出去玩。孩子只有走出去，才能交到朋友，才能够了解外面的世界。

是否拥有朋友是孩子能否健康成长的重要因素之一。关心孩子就必定要关心她们的朋友。所以，父母要多支持女孩的交往。

4. 尊重女孩的个人兴趣

现在的父母都非常希望自己的女孩能够多才多艺，能够琴棋书画样样精通，所以兴趣班、学习班给孩子排得满满的，孩子从这个班出来进那个班，忙的像个陀螺一样。但是很多时候父母并没有考虑女孩的兴趣爱好，而是按自己的要求为女儿安排好一切，有时甚至跟风，看到现在流行什么就让女孩学习什么。

女孩就这样在父母的安排下一次又一次地被动接受，女孩真正的兴趣爱好得不到满足，真正的特长得不到发挥，导致孩子厌学并把这种情绪发泄到自己的爱好上，这对女孩的成长是非常有害的。

豆豆从小就非常喜欢小动物，非常热衷于研究小动物的生活习性，每次出去看到一些小昆虫什么的就走不动，常常因为观察小动物而弄得浑身是泥。父母对此非常生气，感觉一个女孩子天天琢磨小动物，简直就是不务正业，于是就想方设法阻止她去外面玩。父母希望她能好好学钢琴，以便将来中考时加分。

没有办法，豆豆就偷偷研究。她趁父母不注意的时候偷偷地跑到附近的公园里做自己喜欢的事。有一次，她不知道从哪弄了个蜘蛛和螳螂，像个宝一样的给带回家了，藏在了自己的房间里，结果蜘蛛在豆豆屋顶的墙角处结了个网，安家了，而螳螂就趴在她书桌的存钱罐上。打扫房间的妈妈发现了，不禁大发雷霆，她没想到女儿竟然把房间给搞成这样，就把蜘蛛和螳螂都残忍地踩死了。等豆豆从学校回来发现蜘蛛和螳螂已经在垃圾桶里了，而且更过分的是妈妈竟然摔烂了她积累了好几年的装着各种标本的"百宝箱"。那一刻，豆豆愣住了，关上房门默默坐了一个下午。

从那以后，她的学习成绩一落千丈，变得沉默寡言，父母为此非常发愁，甚至怀疑她是不是智力有问题。

而豆豆的生物老师说："豆豆这孩子特别聪明，如果好好培养，将来说不定会是一个非常出色的生物学家呢。"

人最可悲的是一生对什么都没有特殊兴趣和爱好，更可悲的是父母凭主观意志扼杀其兴趣和爱好。父母如果忽视女孩的兴趣爱好，不听女孩的解释，不从女孩爱好出发去了解女孩真正喜欢和感兴趣的，那么既不能满足女孩的需要，还会使女孩觉得父母不能理解她、尊重她，而产生逆反心理。这对女孩的成长是非常不利的。

让我们听一听一位曾经强迫自己的女儿学钢琴的母亲所说的心里话吧：

这位母亲现在经常说的一句话就是："孩子爱学就让她学，不愿意学的东西你也不用太逼她。"

如果别人表示疑惑，她就会讲述她和女儿的故事："我这是经验之谈。我女儿小时候钢琴弹得非常好，她参加全国的青少年钢琴比赛得过第二名，省里市里的比赛得过的奖项更是数不过来。我家里有个柜子专门放她得的奖杯和奖牌。那时候，我为了让她练好琴费尽了心机，每天都为了这事和她斗法。"

她长叹一口气："放学后，邻居的小孩都在外面又跑又跳，女儿在家里坐不住，可她拧不过我，有时一边练琴一边流泪。我那时就觉得是为了她好。虽然女儿自己很喜欢跳舞，但她资质平平，跳也跳不出名堂来，我劝她不跳了，一心一意专攻钢琴。这样她将来靠着弹琴可以出人头地，即使做不到，女孩子有特长有艺术气质长大了才能找到好对象。后来女儿要上大学了，我让她去学音乐，可她自己非要去学医不可。无奈之下，我就

同意了。"

"但是，"这位母亲苦笑着说："自从她上了大学，她再也没有碰过钢琴一下。"

这位母亲一开始也没有意识到女儿不再弹琴了。上了大学后，那时女儿早已考过了所有的级，也不参加比赛了，钢琴课就停了。但是放假回家，她也不弹琴，视钢琴如无物。偶尔母亲问起她怎么都不弹弹琴，女儿看着妈妈面无表情地说："我又不去参加比赛，为什么还要弹琴？"

等到女儿领男朋友回家，这位母亲专门领着女儿的男朋友去看女儿参加各种钢琴比赛得到的奖章奖杯，他惊奇地对女友说："我从来不知道你会弹钢琴，还弹得这么出色！"女儿对这个话题，提不起半点兴致的样子："这有什么好说的。"

到了他们要结婚布置新房的时候，母亲提出把那台花大价钱买的施坦威的三角钢琴搬到新房去。当年买这个琴的时候就想着以后可以当做是女儿的嫁妆之一。他们的新房客厅是开放式的，放这样一架钢琴正好。准女婿打量着钢琴连连点头。

可是女儿冷着脸回答说：不要。母亲问女儿为什么不要？这本来就是买给她的。女儿的回答就是两个字：不要。

未婚夫不明就里，对未婚妻说这是你父母的一片心意，再说琴的大小放在客厅正好，你想弹的时候随时随地可以弹。女儿拧着眉气哼哼地说："我说不要就不要，你要是搬它回去，这婚就别结了。"母亲当时听了这话很生气，有点严厉地训女儿："你怎么能这样讲话呢？你的家教都到哪里去了？"

女儿别过脸去，眼泪像开了闸一样稀里哗啦流了下来，片刻之后她伤心地转过头来看着母亲说："妈，你想知道我为什么不要这琴吗？"

"我小的时候，曾经多少次，一边弹琴一边在心里发誓，等到将来有一天，我自己能够做决定了，我再也不会碰这个琴一下！现在我终于可以实现自己的诺言了，我不会再碰它的，更不想见到它。"

这位母亲闻言当场呆在那里，脸色惨白，一句话都说不出来。这位母亲叹口气，继续说："直到那一刻，我才知道我逼她练琴，竟然给她带来那么大的痛苦。我一直以为她长大以后肯定会享受音乐的快乐，享受弹钢琴的乐趣，谁知，适得其反，她竟然恨钢琴入骨了。"

"孩子从小到大，我把精力、时间、金钱都花在她弹琴这件事上了，请最好的老师来教她，每天陪她练琴，考级，不放过任何比赛的机会……"

"你看看最后得到了什么结果？她哪里是在恨钢琴，分明是在恨我啊！"说到这里，这位母亲的眼圈红了："女儿一直和我不亲，和她爸爸亲。现在想来，应该是我逼她练琴，她觉得我不爱她，她自然和我亲近不起来。从女儿有了孩子以后，和我才渐渐亲近起来。可是，你知道吗？她送孩子们去学游泳、体操、跆拳道……就是不送他们去学乐器。"

"我那第二个外孙女很有音乐天赋，两三岁的时候电视里放的歌听一遍她就会唱，不走音，我劝女儿送她去学琴，女儿却送她去跳舞，还对我说：'别学琴了，她现在挺快乐的，就让她有个幸福的童年吧。'你听听这话，在她眼里，弹琴和童年不幸福是联系在一起的。"

这位母亲擦擦眼睛接着说："即使在她结婚前得知了她不弹琴的真相，我依然幻想着或许有了孩子后，她会改变想法，会为了孩子重新弹琴，以她的水平，教孩子是绰绰有余的。或者只是坐在那里弹弹曲子，让孩子们围在她身边唱唱歌，给孩子一点熏陶都行。现在看来不可能了，不仅女儿和音乐绝了缘，还殃及到了下一代。最近因为女儿不送外孙女去学琴的事儿，我一直在反思当初自己的做法，越想越难过。现在变成我看不得那架钢琴了，看到了心里就堵得慌，我已经在报纸上打出了卖琴的广告。"

"如果生活可以重来一遍，我想我肯定不会再去逼她练琴了，更不会逼她拿名次。她能弹个什么样就是什么样，她喜欢就好，只要她的童年快乐就好。"

这就是一位曾经强迫孩子按照自己的兴趣去学习的母亲的真实想法，值得现在的父母深思。

现在的父母们都希望自己的女孩多才多艺，成为一个优秀的女孩。那么，如果让女孩学，一定要仔细观察，再选择一种比较适合女孩性情及兴趣的才艺。要征求女孩的意见，不要自作主张，理所当然地认为女孩该学什么。要让她自己做决定，父母只可以给她提建议。千万不要让她一下子接触太多，或强迫她学习没有兴趣的东西，破坏了她以后学习的信心和欲望。

所以作为父母一定要尊重孩子的兴趣。作为父母，可以参考以下几种做法：

第一，善于发现和引导女孩的兴趣。这就要求父母养成仔细观察孩子的习惯，女孩反反复复做的事情往往就是她们感兴趣的。父母还要与女孩多沟通，多听听女孩的想法，多问问孩子喜欢做什么，这才能发现孩子的兴趣所在。

第二，尊重女孩的喜好和兴趣。父母要尊重孩子的爱好兴趣。即使女孩的这种兴趣爱好与父母的期望有差距，但只要是正当的爱好，就应该尊重女孩。因为孩子在做自己喜欢的事情时，她的创造力和潜力才有可能得到充分的发挥，她的专注、认真、持之以恒的习惯和意志品质也可以得到锻炼。

当然，父母对孩子的兴趣爱好也不能听之任之，要给予适当的引导和帮助。如果孩子因为沉浸在某个兴趣爱好中，影响了正常的学习、生活，父母还是应该给予一定的干预，教会孩子正确对待两者之间的关系，合理安排时间，但要用孩子可以接受的方式，切不可简单粗暴地制止。

5. 欣赏她的奇思妙想

女孩子和男孩子不同，是以形象思维为主，所以她们的脑海中总是有无数稀奇古怪的想法。一件很普通的东西，就能让她们做出一件与众不同的东西来。

母鸡妈妈4条腿？是的！在5岁的琪琪五颜六色的画作上，母鸡妈妈就是4条腿！

琪琪的画往往让成人感到不可思议：在她的画中，会出现绿色的太阳、红色的企鹅、黄色的小河和蓝色的脸，这一点也不奇怪。每一幅孩子的画，都像我们看到的热带鱼，色彩饱满热烈，感染力超强。

其实琪琪对母鸡有几条腿是完全知道的，那多出的两条，正是她的创造：孩子也许在想，让鸡多出来两条腿会跑得更快，吃的时候还可以多吃两条鸡腿呢。那些热烈的色彩是孩子眼里最漂亮的颜色。为什么不能用在她的画上呢。

孩子的画表现出的无拘无束、大胆夸张，就连绘画大师都惊叹不已，为孩子的奇思妙想而赞叹。

孩子爱奇思妙想是富有想象力的表现。许多时候，孩子的奇思妙想后面往往隐藏着孩子创造力。欣赏孩子的奇思妙想，尊重孩子提出的问题，往往能够引导孩子思考更有创意的事情。被称为小小发明家的杨懿就是个很好的例子：

懂得女孩，教好女孩

　　杨懿是一个活泼快乐，乐观自信、学有所长的小女孩。她对周围的事物充满了好奇，小脑袋里装满了各种奇思妙想。有一次，小杨懿天真地问爸爸："我能不能一坐在座便器上，或者一躺在枕头上就能听到我喜欢的故事？"这些刨根问底的事情太多了，每当这时候，爸爸总是热情鼓励女儿要尽情想象。

　　9岁的时候，杨懿发现同学们一不小心便将课桌上的文具碰到地上。杨懿想，如果有一张把书本、杂物各归其位的书桌就好了。她把自己的想法和做技术工程师的爸爸一说，父女俩一拍即合。只一天工夫，杨懿的设想就变成了现实，父女俩成功设计出了"多功能折叠课桌"：上面有一个"垃圾小抽屉"，可以装杂物；学习用具、体育用品等物品，没有地方放，就增加了一个"带锁的小储柜"；由于上美术课，实验课，桌面的面积不够大，就增设了一个"折叠板"。

　　第一次试验的成功，让小杨懿钻研的劲头儿更足了。她发现同学们文具盒里的笔繁多杂乱，就把钢笔、自动铅笔、中性笔、圆珠笔合四为一，设计并制作了"多功能笔"；看到爷爷奶奶下雪天容易摔倒，她就制作了"防滑鞋套"；了解到生活中浪费水的现象严重，她还设计完成了"节水型水龙头""节水座便器"。

　　杨懿从自己的奇思妙想中中感受到了科技创新和探索带给她的激情与乐趣。

　　小孩子虽然没有成人那么多的知识和经验，但他们却有着无边的想象力，因为没有固定的答案和思维模式限制他们更容易创造出令人惊奇的东西来。这就是孩子奇思妙想背后隐藏着的宝藏。

　　对于女孩子的奇思妙想，父母要适当引导，拓宽思维。充分发挥她们的奇思妙想，也许就能够发现和创造出更令人惊奇的美丽，从而让孩子产生更浓厚的兴趣和更饱满的热情。

　　彬彬是一个9岁的女孩，特别喜欢画画，但是她也会为一些小小的失误而苦恼。

一次，彬彬正在爸爸妈妈的指导下画桃花。这时，一个朋友到她家来拜访，看到彬彬在画画，就很有兴致地站在旁边看。

彬彬画得很好，粉红色的桃花，刚萌芽的嫩绿的小叶，弯弯曲曲的树枝，漂亮极了。朋友一边看，一边夸奖彬彬画得好。

也许是因为有客人在的缘故，彬彬比较紧张，在最后收笔的时候，彬彬竟然没有握紧笔，在粉色的花瓣上留下了一小点黑色的墨迹。彬彬顿时呆了，看着自己马上就要完成的作品不完美了，难过得眼泪都流下来了。

这时候，一直在旁边观看的爸爸微笑着对彬彬说："这张画只是有一点点墨，完全可以补救一下啊。"

"没法补救啊，还是重画吧。"彬彬摇摇头说。

"可以补救的，你再想想？"

彬彬听了这话，又把画拿起来，看了一会。她好像突然想起了什么，拿起笔来，在刚才滴墨的地方，认真地描画了一番。

等画完了，大家一看，她竟在上面画了一只小蜜蜂！那一点点墨刚好是小蜜蜂的头，惟妙惟肖的，真是棒极了！这时候，大家都为彬彬鼓起掌来，妈妈更是高兴地把她抱了起来。彬彬也高兴地笑了，激动地说："谢谢爸爸。"

后来，彬彬对画画兴致更浓了，也更有信心了。

作为父母，不要总是等待孩子自己做出什么创举，然后再去赏识，而要具有善于发现、善于想象的头脑，当女儿遇到困难或阻力的时候，给她适当的指导，让孩子用更巧妙、更具创造性的方法化解意外和阻力，就会收获意想不到的惊喜。

6. 给女孩一个自由的成长氛围

好多父母总是剥夺孩子自我探索的机会,其实,这些父母对孩子的真实感受常常视而不见,经常把自己的感受强加到孩子的身上,也总自以为是孩子自己的真实感受。这样做,会导致孩子越来越不信任自己,最终迷失了自己。

有一次在超市见到一个妈妈在给女儿买果汁。女儿想要橙汁口味的,妈妈说橙汁的有点苦味不好喝,对女儿说:"还是桃汁的好喝,比较甜,我知道你是喜欢吃桃子的,这个味和桃子一样的,你会喜欢的。"

"我就要橙汁的,我想喝这个味道的。"女儿坚决地说。

"还是桃汁的好喝,我知道你只要尝了橙汁一口,就不会再喝第二口的。"妈妈说。

"不,我就要喝橙汁的,我想试试这个口味。"女儿毫不让步。

"不行,你怎么这么倔呀,我不能让你喝了一口就给浪费了,就喝桃汁。"妈妈不由分说就拿了一盒桃汁递给了女儿。

结果女儿地手一甩:"我宁愿不喝也不要这个"。

很多父母都会像这位母亲一样,以自己的感受来否决孩子的判断,试图将自己的判断强加在女儿头上。父母这样做并没有真正站在孩子的角度,不懂得孩子真正需要什么,也并不真正关注孩子的成长需要,甚至都没有兴趣去了解孩子自己的真实感觉、真实想法,只想把孩子塑造成他们心目中的小孩的形象。而这样做的后果只有两个：一是孩子和父母对抗，就像上面这个小女孩一样；另一个就是孩子会变得唯唯诺诺，没有自己的主见。

不是自己的真实感受却要被别人说成是自己的感受，这不是很荒唐吗？有谁能比自己更清楚自己的感受呢？很多家庭都有这样的奇怪现象：好像除了孩子自己，别人都知道他是谁，而孩子自己却不知道自己是谁。

一个人的成长过程就是成为自己的过程，因此，父母要留给孩子一定的空间，让女孩自己去发展。

小荷从小到大就像个男孩一样淘气，一样能折腾。而小荷的妈妈从来不干涉，女儿想干什么就由着她干什么，用她自己的话说，就是："想干吗干吗，我才懒得管呢！"

近来，小荷对电脑有了兴趣，整天抱着妈妈的电脑折腾。有一次，妈妈熬了几个通宵赶出来的文案还没来得及放到U盘里，电脑就被小荷整个弄瘫痪了，妈妈所有的辛苦全泡汤了。重新写时间不够，也没有先前的感觉了，妈妈虽然气得当时想训她，但是还是忍住了没有发火。

小荷倒挺沉得住气，一天都没离开电脑，不停地在翻看各种电脑书籍，摆弄着各种光盘，不停地在瞎鼓捣。妈妈劝了她多次，让她撒手，说找个修电脑的算了。但小荷并没有放弃，虽然急得眼泪都在眼眶转，还是在那使劲钻研，吃饭也是扒拉几口，马上又开始紧张地抢修电脑。

正在妈妈着急的时候，小荷大叫了一声："成了！"妈妈长出了一口气，看来电脑也被女儿给镇住了。

小荷现在俨然成了一个电脑高手，自己家的电脑从来都不用别人修。除了自己家的电脑，邻居家的同事家的同学家的甚至他们学校机房的电脑都让她给鼓捣维修。有时候妈妈不放心，就对别人说："你们也不怕她给你折腾趴下了？"大家就对小荷的妈妈说："呵，你可不要说，你女儿绝对

懂得女孩，教好女孩

是个电脑高手。"

其实，小荷能够成为电脑高手，也全亏了妈妈的大力支持。小荷把家里几乎所有的电器都拆成了废品或半废品，但是妈妈从来都不计较。正是由于妈妈给了小荷充分的自由空间，小荷才成了众人眼中的电脑高手。

如果真的爱孩子就应该以孩子的成长需要为核心，给孩子自由发展的空间，尊重孩子自主的探索。有了充分的成长空间，孩子才能健康成长。

所以父母要学会像小荷的妈妈一样，让孩子做自己的主人，给孩子足够的空间，让她们自由、健康地成长。而不是做自己的附属物，局限在一片小天地里，做一只观天的青蛙。

第三章
父母要做女孩的引路人

　　如果父亲的爱是山，那么母亲的爱就是水。人们都说女孩是妈妈的影子，有什么样的妈妈就会有什么样的女儿。

　　父亲要担当的是女孩"指路者"的角色，和父亲的爱不同的是，母亲更多的时候是女孩"心理师"的角色。

懂得女孩，教好女孩

1. 父亲能给女儿的礼物

很多人总是认为女儿和妈妈最亲，很多女孩子总会偷偷地穿上妈妈的漂亮衣服，站在镜子前面自我欣赏一番，希望自己也能够成为和妈妈一样漂亮的女人。但是，很多人，包括女孩子自己也没有意识到，其实，对他们影响最大的人是父亲。

准确地说，妈妈在生活层面上影响着女儿，而爸爸却会对女儿的性格和一生的幸福有着至关重要的影响。

父亲对女性的看法，往往左右着女孩对自己的性别的认识。如果父亲认为女性是传统的，他的女孩就会文静而典雅；如果父亲认为女孩子应该刚强，那么他的女孩可能就是一个"假小子"。

女孩子从来都不会忽略父亲对自己的看法，父亲对女孩的肯定比母亲更有影响力，更会给女儿无比的自信。所以，作为父亲不要吝啬你对女儿的表扬和赞美。在客人面前自豪的表扬赞美自己的女儿比给女儿贵重的礼物都会让她开心。

10岁的平平和8岁的安安是一对小姐妹，她们的父亲每次提起女儿都非常的骄傲，两个小姑娘也特别地黏父亲，她们的父亲特别注意培养女儿的自信心。

从小时候开始，因为她们两个长得挺像的，个头也差不多。每次碰到朋友或者家里来客人的时候，都会逗她们，拿两个小姑娘作比较，每当这个时候，作为父亲总会阻止他们这样做，他怕女儿的自尊心受到伤害。

有一次，父亲带两个女儿一起逛商场，一位阿姨逗她们两个说："你们两个谁更漂亮呢？是妹妹还是姐姐呢？"两个丫头你看看我，我看看你的，不知道怎么说。这时阿姨逗妹妹说："我感觉还是姐姐漂亮，姐姐的皮肤白一点，你说呢？"妹妹无所适从地没有说话，但父亲看得出来她很不开心，就说："安安，阿姨跟你开玩笑呢。"然后说："我的两个女儿都很漂亮，很可爱，都是爸爸妈妈最完美的公主。"这位阿姨见父亲这样说，也连忙表示自己是开玩笑的。

过了几天，家里来客人了，两个女儿很懂事地给客人倒水，拿水果，姐姐给客人弹琴，妹妹给客人跳舞，客人直夸父亲好福气，有这么两个懂事、活泼大方的女儿，父亲很自豪地当着女儿的面说："羡慕了吧。我这两个女儿都优秀着呢，而且都很可爱，给我们带来了好多的惊喜和快乐！"父亲的夸奖让两个女儿更自信了，那天给客人表演了好几个拿手的节目呢。

父亲对女儿更宽容和理解，会让女儿更能够感受到父亲的爱。父亲在女儿有错的时候，会认真地听完女儿这样做的理由，而不是愤怒地责骂。父亲的冷静倾听会让女儿的头脑清醒下来的，并且帮女儿分析并解决问题。

甜甜放暑假了，她忽然对爸爸说她要把头发染成黄色。听完女儿的这个决定后，爸爸的脑海里立马显现出女儿顶着一头金色头发的怪模样，感觉这小丫头是疯了！他不愿女儿打扮得太过于新潮，何况她还只是一个初中生。可女儿已经提前给自己打了报告，而不是先斩后奏，顶着一头黄色的头发突然出现在自己的面前，已经很给自己这个老爸面子了。

于是，爸爸用平静的口吻说："哦，你准备什么时候去染头发？"

"周日下午，在咱们小区附近的理发店，和楼下的娇娇一起去。不知道我染个黄色的头发会是什么模样的？"女儿一脸兴奋地说。

"要不你就试试吧，不过你要答应我，开学前一定要染回来。"

女儿高兴地答应了。

没过几天，女儿就把头发染回黑色来了。

她对爸爸说:"我实在不适合染成黄色的头发,还是保持本色算了。"

后来女儿提起染发的事对爸爸调皮地说:"幸亏你当时没有对我发脾气,否则的话我就非一直留着黄头发给你看看不可!"

父亲与母亲相比心胸更开阔,更能以一颗宽容的心去看女儿的所作所为,也更能站在女儿的角度思考问题,对女儿一些出格的举动也更能以平静的心态去面对,在女儿遇到挫折时,爸爸对女儿的鼓励也会让女儿更有斗志。

常说性格决定命运,一个好的性格决定了女儿的幸福程度如何。在教育女孩的过程中,爸爸对女儿的性格培养显得很重要。他会让女儿更坚强,更自立。

在女儿到了开始异性交往的阶段,爸爸更在这个过程中起积极主动的作用,爸爸从异性的角度给女儿的建议以及如何处理异性交往中面对的问题对女儿更有指导意义。

女儿考进了重点大学。父亲非常高兴,在女儿要进大学之前,有朋友问起父亲对大学里谈恋爱很普遍的现象,有没有和女儿谈过。父亲平静地说:"谈过了,我的态度是不鼓励她谈恋爱,但也不反对,我相信她会处理好的"。

父亲给女儿的生活费,是在送女儿去学校的时候决定的,女儿的宿舍同学有一个月给1000多生活费的,也有一个月300多的,自己家生活条件一般,但父亲不想委屈女儿,决定每个月给女儿500元生活费。

女儿进大学两个月了,父亲去银行往女儿的卡里存钱,先打电话过去问:"500元够不够?"

女儿回答:"够了。"

父亲放心了,他总怕女儿委屈了自己,嘱咐说:"想买什么就买什么,别亏了自己。也不要和别人攀比,你只要和你的同学保持同等生活质量就行了。"

女儿没有说话,父亲觉得奇怪,怕女儿有什么为难的事,就问:"怎么了?"

女儿犹豫了一下,说:"爸爸,我不知道怎么和你说?"

父亲："有什么事情尽管说，爸爸会帮你分析，提建议。"

女儿说："我们同宿舍女孩和我的生活费差不多，有的甚至还没有我多呢，像心凌，一个月就400元生活费。但是她的生活质量比我高。她每天都有零食吃，每周都会去逛商场，买漂亮的衣服、化妆品，去麦当劳、肯德基什么的。"

父亲一算，如果女儿也要这样的话，500元根本不够花。

"你同学是不是去打工了？你不要去，耽误学习。不够花爸爸再给你多寄些钱。"父亲急忙说。

"没有，她们没有去打工，是在谈恋爱。有一次心凌约会回来对我说，其实她不喜欢那个男生，只是喜欢买东西的时候替她付账而已，她还嘲笑我，说我傻，可惜长这么漂亮了，如果我也和他们一样找一个长期饭票的话，就不用向家里要钱了……"

父亲听了很惊讶，但他什么也没说。

挂了电话，这次父亲给女儿打了700元生活费。又用手机给女儿发了条短信：

女儿，这个月开始，爸爸会每次给你存700元钱，除了你正常的生活费外，多余的你可以自己逛街买漂亮的衣服、喜欢的化妆品，可以买零食，可以去麦当劳、肯德基……但是女儿，你要记住，不管到什么时候，记得自己去付账。爸爸不希望你为了长期饭票违心地和别人谈恋爱，那样的话，爸爸会很伤心的。当然，如果你碰到了喜欢的男生，这个男生也刚好喜欢你，你们开始谈恋爱的时候，记得要告诉爸爸，我会每个月再给你增加100元的恋爱经费。每次和男朋友逛街或者吃饭，一定要带上你自己的钱包，你要学会为对方付账，这样你才有资格得到别人的尊重，得到一份真爱。

在父女关系中，父亲还应该鼓励女儿进行独立的思考，那些在成长中经过父亲培养独立思想的女孩往往在工作中做得更好，并且更有自信。女儿是父亲的追随者，她们通过观察父亲如何教导自己，使自己具有领导的能力。

2. 女孩是妈妈的影子

对于女儿来说，如果父亲的爱是山，那么母亲的爱就是水。人们都说女孩是妈妈的影子，有什么样的妈妈就会有什么样的女儿。

父亲要担当的是女孩"指路者"的角色，和父亲的爱不同的是，母亲更多的时候是女孩"心理师"的角色。

当女孩遇到伤心事的时候，总是妈妈在身边陪着她，并且拥抱着她；

当女孩子想要倾诉的时候，总是妈妈默默地倾听着女儿的喜怒哀乐，认真地跟她交谈……

当女孩想要与人分享自己的心情时，又是妈妈让女儿的思绪尽情飘扬……

有人说，女儿是妈妈的贴心小棉袄，实际上，妈妈更是为女儿遮风挡雨的一把伞。尤其是随着女儿慢慢地长大，妈妈更是女儿生活的向导。

女儿往往都很依赖自己的妈妈，大多数的女儿都会把自己的母亲当作模仿对象。女儿就像妈妈的影子一样，母亲的言谈举止，甚至一个细微的动作一个不经意的表情，往往会在长大成人的女儿身上重现。

而更重要的是，母亲的品质同样会传给女孩子。如果一个母亲是自信、果敢、善良、负责任的，她就会教给女孩同样的品质；如果母亲脾气暴躁、性格恶劣，女儿的脾气也好不到哪里去。事实上，不管母亲是女孩的好的榜样，还是给女孩起到一个坏的榜样，母亲都会影响女孩的一生。

小晴是一个才六岁的可爱女孩，刚上小学一年级。有一天晚上小晴学校的关老师打电话找小晴的妈妈。但是只有小晴一个人在家，她告诉老师妈妈不在。老师说："请转告你妈妈，关老师找她，请她回电话。"

当天晚上直到10点多钟，小晴的妈妈才打电话给关老师，她抱歉地对关老师说，自己回来晚了，这么晚回电话很抱歉。孩子已经睡了，睡前用汉语拼音加汉字给她留了个条：guan老师写成guang老师了，她猜可能是关老师，就给回了过来。

关老师听后非常感动，她很惊讶一个六岁的小女孩居然能够想到采用留言这种方式，更让她惊讶的是，小小的孩子竟然有这么强的责任感，自己临睡觉前还不忘她人之托。

她问小晴的妈妈，是不是他们经常这样教育小晴，小晴才知道这么做的？

小晴的妈妈告诉关老师，这不是她刻意去教的，而是自己经常用这种方式提醒别人，女儿无形之中学会了。

著名作家老舍曾说过，母亲对孩子的教育是生命的教育。妈妈对孩子，尤其是女孩子的影响实在是太大了。妈妈要使女孩懂得：什么是女人？怎样做一名好女人？怎样将自己的女性潜能释放出来？女孩在生活的各个细节中感受到母亲所传递给她的对于自我、女人、男人，以及生活的一般观念。在某种意义上说，妈妈决定着女孩将会成长为一个什么样的人。

同父女关系相比，母女关系往往看起来更为亲密，亲密的母女关系给女孩的沟通、交流都起了很好的指导作用，更有利发展女孩的亲密感和感受性，使她感受到更多的情感支持。满足女孩的心理需求，还有谁能够比母亲做得更好呢？正是女孩子和妈妈的天然联系，使女孩有了借鉴的榜样，并能够从中发展自我。

妈妈的教诲将影响她们的一生，而妈妈的失误，也会贻误孩子们的前程。

懂得女孩，教好女孩

在大多数家庭，都是做妈妈的最宠爱孩子，她们舍不得让孩子做一点家务，甚至连孩子需要自己去做的事情，她们也一手包揽。在这样的环境里，女儿真的像公主那样娇贵，一旦妈妈不在或者不能在她身边像"仆人"一般照顾她，"小公主"就会因为没有独立生活的能力，而变得十分痛苦。所以，明智的妈妈会让女孩做个既有公主气质，又有独立生活能力的小公主。

妈妈对待生活的态度也影响着女孩，妈妈乐观，女孩也会乐观地看待她身边的一切事情，妈妈总是抱怨生活，女孩对生活也会充满抱怨。所以，做妈妈的一定要切记自己在女儿心目中的偶像身份，并努力地扮演好自己的偶像角色。请记住：你若想让女儿成长为一个什么样的人，做妈妈的首先自己要成为那样的人。

3. 分享女孩的喜怒哀乐

每个人都有与别人分享情感的需要，遇到高兴事的时候，希望有人可以分享自己的喜悦，遇到不开心的事时，就会想找个人倾诉。和男孩子相比，女孩子更注重情感的交流，并发展亲密的友谊，所以，女孩子更愿意与人分享自己的喜怒哀乐。

如果父母能够分享女儿的喜怒哀乐，会加深孩子对自己的感情，获得孩子的信任。如果孩子处于痛苦中时，父母要及时和孩子分担她的烦恼、痛苦，并且要耐心地开导孩子，使孩子更快地从痛苦中走出来；如果孩子处于快乐之中，父母也要及时分享孩子的快乐，以便延续孩子的快乐情绪。

茹雪虽然只有10岁，可已经是五年级的一名学生了，而且成绩非常好。期中考试的时候，由于一时大意，没有审好题，数学考砸了。这对于一向好强的茹雪是一次很大的打击。

茹雪难过极了，她还没受到过这样的打击呢！考试过去很长时间了，她还没从这种沮丧的状态中摆脱出来。妈妈看出了女儿的失意。

"雪儿，还在为那件事难过吗？"妈妈问。

"是啊，我没有考好，太丢人了。"

"可是你有没有想过其中的原因？"妈妈说，"你只是一时粗心，下次认真点就会考好了。"

妈妈继续说："再说，这只是个小考试，代表不了什么，以后细心一

点肯定能考好。"

"妈妈相信下次你会做得更好!"妈妈最后补充说。

茹雪听了妈妈的话,使劲点了点头。她很快从失意中走出来,开始努力学习,准备在期末考试中考个好成绩。

父母要特别关注孩子的心理需求,无论多忙,都要抽空与孩子交流,分享她的喜怒哀乐,与孩子一起笑,一起悲,成为孩子的知己,这是父母教育孩子的最高境界。

父母和孩子一起分享喜怒哀乐,孩子能从父母那里得到安慰和鼓励,从而对父母更加尊敬,也会主动向父母说出自己的心事。这不仅增进了父母对孩子的了解,还能使家庭教育达到事半功倍的效果。

如果父母忽略了与孩子分享情感,就等于剥夺了孩子健康成长的养料,阻碍了孩子全面发展的进程,还会由此给孩子造成性格和心理的缺陷。这样的父母不管有什么样的理由,都是不称职的。

蔓青是个聪明的女孩,她非常活泼,总喜欢把自己的收获与别人分享,每当她做成功一件事情的时候,就会高兴地为自己庆祝一番。然而,蔓青的爸爸却很不喜欢她这么做,认为一个女孩子这样子,太过骄傲,不够文雅。

有一次,蔓青花费了半天时间做出了一道非常难的数学题,她非常高兴,不由得高声唱起歌来,来祝贺自己的胜利。

"蔓青,你又在瞎嚷嚷什么!"爸爸皱起眉头说:"做出一道题是一件什么大不了的事情?你用不着那样忘乎所以吧!"

"可是爸爸,做出这道题太令我兴奋了,它非常难,可是我竟然把它搞定了!"蔓青抬起头满脸兴奋地望着爸爸说,看得出,她很想从爸爸那里得到肯定和支持。

"哼,你以为只有你才有这个本事吗?你以为做出这道题我就会表扬你吗?你真是有点太骄傲了!"爸爸越说越激动,"不要以为自己非常了不起。我可以告诉你,你什么都不是,只是一个得意忘形的傻瓜!"

爸爸说完这些,"砰"地一摔门,把蔓青独自留在了屋里。蔓青不由得委屈而又伤心地哭起来。

蔓青自然很伤心,她只是想让爸爸分享她的快乐,能够肯定她的成绩。结果爸爸的批评就像一盆冷水一样浇灭了她的愿望,让她的自信心和自尊受到很大的打击。

父母和孩子分享喜怒哀乐,无论对于孩子还是对于父母,都是很有意义的。对于孩子来说,父母能分享自己的喜怒哀乐,是父母对自己爱的流露,也让孩子感受到父母对自己的尊重和重视。这样不但满足了孩子与人分享的心理需要,同时孩子知道了自己在父母心目中的重要位置,会在心里十分珍惜父母给自己的爱,对父母的教育、引导就不会产生厌烦和抵触,父母与孩子就能够更好地相处。

而对于父母来说,因为和孩子分享了一切,会对孩子有更多的了解,更全面的认识,也能够更好地理解孩子,对孩子不好的地方,就能进行有的放矢地指导,也不会轻易地对孩子进行批评与指责,或者武断地下结论等。

因此,父母和孩子一起分享喜怒哀乐,无论是对于孩子还是父母,都是非常有益和重要的。孩子在分享后对父母更加敬重,父母在分享后会更加地理解和宽容孩子。有了分享,孩子的缺点与问题父母可以及时地发现,并根据情况进行有效地引导、解决;有了分享,孩子对父母抵触的情绪减少了,逆反心理没有了,更容易接受父母的教育,这样孩子的身心健康都得到了保障,父母与孩子的关系也就会更加融洽。

不过,父母分享孩子的喜怒哀乐时要注意不能先入为主,要用心去听孩子的心声,千万不能因为"没有时间",拒绝分享孩子的喜怒哀乐,给孩子造成心理上的伤害。

要想分享孩子的喜怒哀乐,父母应该努力营建温暖和谐的家庭氛围,与孩子有沟通的语言,做孩子的知心朋友,这样,孩子就会主动和父母分享自己的喜怒哀乐。

懂得女孩，教好女孩

　　父母还要放下家长的架子，平等地对待孩子，蹲下来和孩子说话，孩子感觉到父母对她的尊重，才会将自己的心里话告诉父母。由于孩子年龄小，社会阅历有限，她们难以排解自己的不良情绪，需要父母多和孩子进行心灵沟通，及时分担孩子的烦恼，做好积极的引导工作，帮助孩子解决心理困扰。

　　孩子有强烈的自尊心，渴望从父母那里得到尊重，在分享自己情感的过程中，孩子是快乐的，尽管她们的语言表达能力有限，但是也希望得到认同。父母要珍视孩子的情感表达，不要以成人的眼光看待孩子，而是站在孩子的角度分析问题，使孩子体验到亲情的温暖和可贵。

4. 勇于向女孩认错

几乎所有的父母都会教育自己的孩子,要勇于承认自己的错误,不要为自己找种种借口,谁都会犯错误,关键是要能面对错误、改正错误,等等。

但好多父母在自己犯错时,却不愿意在孩子面前承认。在曲解、误解孩子,甚至错误地责怪孩子的时候,虽然心里也知道自己可能错了,但往往不愿意直接、正面地向孩子承认错误,向孩子道歉,怕在孩子面前失了尊严,没了威信。其实,父母这样的想法是错误的,会对孩子产生不利的影响。

父母同样也是一个普通的人,所以同样会犯错,尤其是在教育孩子的时候。如果父母勇于向孩子认错,孩子就会更加尊重父母;反之,如果父母明明错了,但强词夺理地维护自己的"父母尊严",在孩子心目中才会"威风扫地"的。

有一次,妈妈回到家里,看到书橱被翻得乱七八糟的,地上也满是书,女儿正坐在地上翻书。妈妈当时就火冒三丈,对着女儿就是一顿"狂轰滥炸"。没想到女儿不但委屈而且也很生气,根本不承认是她把书翻乱的,女儿坚持说进来的时候就是这样的。结果这位妈妈更火了,错了还不肯承认,罪加一等,于是命令女儿半小时内把地上的书整理好,否则晚饭就不要吃了。女儿一脸的委屈,但又无力反抗,就气呼呼地开始收拾书。

过了一会,爸爸回来了,还了女儿清白。原来是爸爸着急找一本资

料，就把书橱弄乱了，找到后急着走就没来得及收拾。这位妈妈知道自己误会女儿了，也为自己的激烈言行感到后悔。等她去看女儿的时候，女儿已经把书整理好了，但就是不肯搭理妈妈。

经过一番思想斗争后，妈妈鼓足勇气向女儿承认了错误，承认自己不了解情况就批评她冤枉她是不对的，并正式向女儿道歉。

为人父母，谁不希望自己的孩子诚实正直、光明磊落、有高尚的品德呢？为了达到这个目标，不少父母苦口婆心地对孩子大讲道理，谈古论今，用无数的事实来充塞孩子的头脑。可是，当自己有错时，却对孩子遮遮掩掩，避而不提。孩子若有意见，他们便强词夺理，斥责孩子"竟敢管起大人的事来了"，这样就给孩子留下了父母就知道唱高调、言行不一的虚伪印象。这些父母也许不知道，自己的言行对孩子的心灵有着潜移默化的作用。父母言行一致，表里如一，孩子自然就信服他们，并视之为榜样；否则会导致孩子鄙视父母，从而削弱了家庭教育的作用。更有甚者，孩子长大后也会变成父母那样讲一套做一套的人。

其实，哪一个孩子不是特别希望父母平等地对待自己呢？作为父母，不仅要言传，更要身教，自己教育孩子错了要勇于认错，勇于改正错误，如果父母在错误面前不承认，不改正，孩子还怎么能够相信父母呢？父母的教育还怎么会有说服力呢？

这位妈妈说，当时心里的确很矛盾，作为父母还需要向孩子当面道歉吗？作为妈妈，向幼小的女儿道歉，孩子会不会从此轻视自己呢？以后自己讲的话孩子还会听吗？女儿眼中自己还有尊严吗？

事实证明，这位妈妈是明智的，她选择了向女儿道歉，也赢得了女儿的尊重。据这位妈妈讲，女儿看到妈妈向自己道歉后，脸上就露出了笑容。

这位妈妈事后非常庆幸地问女儿："如果妈妈不道歉，你会怎么办？"

女儿的一番话可以说是给所有的父母都提了一个醒："妈妈错了可以不道歉，以后我错了也不道歉。"

这位妈妈为自己的女儿树立了一个很好的榜样。人非圣贤，谁又能够不犯一点错呢？父母也不例外。但是，如果父母明知自己有错却不屑或不好意思在孩子面前做公开的检讨，这样会失去一次对孩子进行诚实教育的最宝贵的机会。父母有错，但又没有勇气向孩子做自我批评，说到底，是他们不能把自己与孩子放在平等的地位上。在他们看来，自己身为长辈，即使有错，后辈也应让三分，认为向孩子认错会"丢份"，会失去作为父母的威信。

在家庭教育中，父母如果从不向孩子承认自己的缺点、过失，孩子就会产生"父母永远正确而实际上老是出错"的观念，久而久之，对父母正确的教诲，孩子也会置之脑后；而如果自己在对孩子说了错话做了错事后，能郑重地向孩子认错、道歉，孩子就会懂得承认错误并不是一件可耻的事，就会提高分辨是非的能力，尝到原谅别人的甜味。

诚然，做父母的都希望自己在孩子心目中享有崇高的威信，因为只有具有威信的父母，才能有效地教育好孩子。但是，父母的威信，应该是建立在正确教育方法的基础上，并非辈分高就有威信。父母既是长辈，又是孩子的朋友和生活的指导者，父母与孩子的关系是民主和平等的，父母只有以良好的言行对孩子施加影响，才能赢得她们由衷的钦佩和尊重，从而取得孩子的信任。所以，父母一旦有了错误，就一定要有勇气给孩子认错，这不但无损于父母的威信，反而有助于跟孩子沟通和取得相互信任，孩子因此会更加敬重父母，孩子们也会形成勇于改正错误的习惯。

5. 给孩子留下一个快乐的童年

生活在当今这个竞争的时代，谁比谁更辛苦，谁比谁更无奈，还真的很难说清。但是有一点可以肯定，没有快乐童年的人生是有缺憾的人生。

有一位教育专家曾经很有感触地说：孩子不只是为了长大或成功活着，孩子首先是为"童年"而活着，我们要让自己的孩子有过做天使的经历，而不是只能做没有翅膀的凡人。

这位教育专家呼吁：父母只要稍稍花一点心思和时间，就可以让孩子有不同意义的经历。

是呀，在孩子心中，记忆最深、最快乐的就是童年那些快乐的经历了。

有一位朋友曾满怀激情地回忆起当年自己一家人的一次快乐旅行：

小时候，大概是六七岁的时候，或者应该更小一点，爸爸要带我们去市里玩。那时候交通远没有现在这样发达，再说那时候即使有我们也没有钱去坐公交车，就骑着自行车前往，爸爸骑一辆，带着我和妹妹，妈妈骑一辆，带着哥哥。一家五口人热热闹闹地就出发了。我家离市里有好几十里路，爸爸妈妈一直骑了几个小时，快到中午的时候才到市里。

乍一来到市里，第一感觉就是城市真大，车子是那么多，街道是那么宽，人是那么多，两只眼都不知道往哪里看。中午的时候，一家人找了一个便宜的小饭馆吃了一顿饭，这大概是第一次在外面吃饭，心里很激动。直到现在还记得很清楚，一个乞讨的老年人上来讨要吃的，心地善良的爸爸还把我们的饭菜分出了一份给那位可怜的老人。

吃过饭，爸爸还带着我们去了动物园，在动物园里见到了老虎，还有狮子，还有个头巨大但是性格很温和的骆驼。骆驼大概是没有吃饱，我们从地上捡一些树叶隔着栅栏喂它，它就一直追着我们要树叶吃，当时觉得骆驼好可怜。

我们还到公园里玩，直到现在我都对那个公园印象非常深刻，尤其是对公园里那个大象的雕塑记忆犹新，那个大象很可爱，远看是一个雕塑，实际上是一个滑梯，人可以从大象屁股里钻上去，从大象的鼻子上滑下来，非常好玩。

我们一家人一直玩到天快要黑了，才恋恋不舍地开始往家走，直到现在，我模模糊糊地记得，那晚的星星很多，好像还有月光，爸爸妈妈带着玩得非常尽兴的我们兄妹，踏着月色回到了家里。

这位朋友现在回忆起那次美好的经历，还是那么激动：

直到现在，我都非常感谢父母带给我们的那次记忆中最美好的经历。长大后，我曾经多次到市里去，甚至专门骑着自行车沿着爸爸妈妈带着我们走过的道路去追忆小时候的快乐时光。数十年间，城市已经发生了翻天覆地的变化，但是我依旧能够在这个城市中寻找到我记忆中的快乐印迹：公园的景色更加优美了，河堤上停放的直升机还在那里静静地躺着，只有动物园里的狮子不知道是不是还是原来那只狮子，依旧在笼子里徒劳地转着圈……

童年的一次旅行，给这位朋友留下了美好的回忆，时过境迁，想起来还是那样的亲切感人。

现在父母都希望孩子长大后有出息，孩子有一点空闲时间就要逼着孩子去写作业，去参加辅导班，孩子一点自由时间都没有了，留给孩子的美好记忆也越来越少：孩子吃得越来越好，胃口却越来越差；眼界越来越宽，活动空间却越来越小；压力越来越大，笑脸却越来越少；特长强化越

来越多，自由安排时间越来越少……

"孩子"和"童年"本应该是水乳交融的孪生兄弟，现在却犹如两辆反向行驶的列车。家长说现在的孩子难管，老师说现在的孩子难教，孩子说她们现在的生活无趣无味。究其原因是什么呢？是我们把"孩子"和"童年"隔离开了，把本属于孩子的童年"弄丢"了。

有一位父亲在整理多年前自己的工作日记时，发现了他某一天的记录：很多事情都没做，被孩子缠着到河边钓鱼，整整一天却一无所获，真是浪费光阴。

而后他又在尘封已久的阁楼上发现了女儿在同一天写下的日记：今天，爸爸陪着我在河边钓鱼，虽然一条大鱼都没钓着，可这一天还是我最快乐的一天！爸爸太忙了，我非常高兴他能陪着我。

儿童的世界，应该是真实的。孩子，应该和大自然一起成长。她们，该有时间有机会数星星，看流云，听小鸟歌唱，蟋蟀弹琴，与各种各样的植物亲近……

作为父母，就要为孩子多创造一点幸福的回忆，一个人只有长大之后，才知道童年的回忆是多么的美好。就像上面提到的那个朋友，会留下一生美好的回忆。

其实，给孩子一个快乐的童年并不难，请我们来看看下面这位父亲是怎么样给孩子创造快乐的：

付强的女儿已经上小学了，有一次，他从外地回家，为了给孩子一个惊喜，除了给孩子买了她爱吃的食物，爱看的书画以及一些小玩具什么的，还特意买了一本教魔术的书，临时比葫芦画瓢学了几招，准备回家后给孩子露一手。

回到家里，付强把礼物给女儿后，女儿高兴得直跳。等她安静下来，付强就对她说："今天爸爸给你们露一手，给你变钱出来。"

然后付强就用从书上看来的方法，给孩子们表演了一个"空手变硬币"的魔术。他将硬币藏在拇指根部，面向孩子时，拇指正好挡着他们的视线，然后弹中指时，用食指和中指一起把硬币拉出来。

孩子看到爸爸竟然真的能变出硬币来，非常惊讶，要求爸爸再变出几个硬币，还高兴地直叫："爸爸能变钱了，我以后就可以随便买好吃好玩的了！"

后来，又玩了几次，女儿发现了其中的秘密，也和爸爸学起了魔术。

你看，一个简单的魔术就能够给孩子带来无尽的欢乐，而且这些欢快的记忆会在孩子的脑海中留下永久的快乐。

还孩子一个快乐的童年，莫让我们的孩子丢失童年。童年只是一个行色匆匆的过客，只能在每个孩子的身上小住几日，但童年的价值是昂贵的，是金钱所买不来的，我们不能以爱的名义剥夺孩子珍贵的童年。

6. 千万不要欺骗孩子

很多父母总觉得自己在孩子面前没有威信，他们非常疑惑：为什么老师的话就一句顶一句，而自己的话孩子就不愿意听呢？

其实原因很简单，就是父母没有把孩子当作一个真正的人，总认为她们什么也不懂，所以有时候为了图一时之便，就对孩子随口许诺，过后又不认账，导致在孩子心中威信下降。

没有信任就没有威信，父母失信对于孩子的影响是相当大的。一是会让孩子觉得一个人可以说话不负责任，答应的事也可以不办，于是，从小就养成了"轻率"的坏习惯，长大以后就会因为失信而失去朋友的信任。二是父母会失去自己在孩子心目中的威信。

父母的威信从哪里来？主要基础就是自己的言行。说话算数、说到做到的父母，会使孩子重视他们所说的每一句话。

美国著名学者斯特娜夫人是自然教育法的创始人，她曾经说过："绝对不应该欺骗孩子，被他们知道了，他们就不相信父母了。父母失掉了孩子的信任，其后果是不堪设想的，而孩子也会欺骗他人的。"

蒋丽已经上初二了，其他成绩都还算可以，唯独语文有点差劲儿，尤其不喜欢作文。妈妈为了激励她提高成绩，就对她说："如果这个学期你能够每天坚持写一篇作文，我就给你买一条你最喜欢的裙子。"

蒋丽答应了妈妈。为了让妈妈监督自己，她每天都把自己的作文送给妈妈看。整整一个学期，她每天都坚持写一篇作文，硬是完成了任务。

可她没想到的是，一学期结束了，妈妈对这件事好像忘了一样，压根儿提都没提。蒋丽要求了几次，可妈妈说："答应你买裙子，是为了鼓励你写好作文。你还真当回事了呀？"

这让蒋丽很伤心："其实我也知道妈妈是为我好，才和我打这个赌的。她真要兑现承诺，我可能还不要呢。可是妈妈也得给我一个说法，证明我努力了呀。"

妈妈这种言而无信的行为，让蒋丽很伤心，再也不愿学习了，学习成绩直线下滑，妈妈再许诺什么也不起作用了。

这些在大人眼里也许是不值一提的小事，竟如此深地伤害了一个孩子的心。这也许是蒋丽的妈妈始料不及的。她可能没有想到，女孩是以一颗敏感而又纯真的心来感知这个世界的，她们相信一切，信赖所有的人，一件成年人看起来微不足道的不信守诺言的小事，也许就会改变她们对人、对生活的看法，看到了一点虚假，她们便以为这个世界都是虚假的，看到一点欺骗，她们就以为所有的人都是不能信赖的。

爸爸妈妈不论在任何情况下都不要欺骗孩子。在孩子眼里，父母是最信赖的人，如果连自己最信赖的人都欺骗自己，你说，孩子心里会怎么想呢？

有一个很简单的道理，父母们应该都很明白，就是你欺骗了自己的孩子一次，你的孩子就不会再信任你，反而会学着你的样子，一次又一次地欺骗你和周围的人。当父母们反过来埋怨自己的孩子不诚实，总是在说谎欺骗自己时。有没有想过是自己教会孩子欺骗人的呢？父母其实是搬起石头砸了自己的脚。

父母给孩子的承诺，对孩子而言有如圣旨一般，因此孩子会将父母的许诺在心中牢牢记住。当父母不能依照承诺履行诺言时，孩子就会对父母的口是心非感到生气，而且不再相信父母的话，久而久之，积累的怨气就会严重影响亲子间的和谐关系，也会降低孩子对父母的信任度。

父母在孩子面前一定要守信用，重承诺。也就是说，在孩子面前一定要说话算数。父母们在孩子面前说话算数了，言行一致，讲究信用了，你们的价值和地位，就会在孩子的心里占有非常重的分量。

妈妈出门参加活动，思雨一定要跟着去，妈妈只好对思雨说："妈妈出去有事情，你要在家乖乖地等着妈妈回来，我可以答应你一个要求，你想要买什么呢？"

思雨歪着头考虑了一下后，说："那我就要一个大大的紫色的汉堡吧！"

妈妈很吃惊，因为自己从来就没有见过紫色的汉堡！无奈之下，妈妈对思雨说："好吧，妈妈会给你买一个汉堡，但是不知道有没有紫颜色的。"思雨听了妈妈的话，很高兴地去睡觉了。

第二天妈妈回到家之前，专门去面包店买了一个汉堡。思雨放学的时候，妈妈去接女儿，思雨非常高兴，忘了要汉堡的事，直到快到家的时候才想起问妈妈："妈妈，你不是说要给我买汉堡吗？买了吗？不要欺骗我呀！"

妈妈回答说："已经买了，在家里，咱们赶快走，到家热一下给你吃。"

在热的过程，孩子一直守着汉堡，催问妈妈："好了没有，可以吃了吗？"

晚上睡觉的时候，孩子趴在妈妈耳边说："妈妈你真好，没有骗我，答应给我买汉堡就买了，你买汉堡我爱你，没有买汉堡我也爱你！"

思雨的妈妈知道"承诺是银，践诺是金"，所以她信守诺言给思雨买了汉堡，同时也赢得了思雨的信任和爱。如果思雨的妈妈没有兑现对女儿的承诺，思雨会不会也变得和蒋丽一样呢？答案是肯定的。

作为孩子的父母，一定要说话算话，切不可为达到某种暂时的目的而欺骗孩子，对孩子撒谎。父母要尊重孩子，不要以为孩子年龄小、不懂事，就对自己向孩子许下的诺言不重视，无论能否兑现都不在意。孩子有时会抱怨说大人说话不算数，只是因为她们希望父母答应自己的愿望得到满足。

父母在教育孩子的同时，也是一个教育自己，并检查自己的过程，父母要把自己的好品质灌输到孩子身上，就必须严格地遵守自己的内心信仰。强大的行为力量在孩子的道德观念形成期发挥着"润物细无声"的效力。

7. 爱孩子，但不要宠孩子

现在绝大多数家庭都只有一个孩子，孩子自然成了全家人的心肝宝贝，孩子又是家长生命的延续，是两个人爱的结晶，所以相当多的人都过分地宠爱自己的孩子。再加上现在生活好了，家人更是宠爱孩子。

爱女孩宠女孩是人之常情，本身没有错，可是有的人却宠爱得过度，失去了原则。孩子说什么就是什么，孩子要什么就给买什么，孩子想玩，父母再累也得陪着；为了绝对安全，父母不让孩子走出家门，也不许她和别的小朋友玩。更有甚者，有的孩子成了"小尾巴"，时刻不能离开父母或老人一步，搂抱着睡，偎依着坐，驮在背上走；含在嘴里怕化了，捧在手里怕摔了，抱在怀里怕碰了；孩子要是和别的小朋友起了一点冲突，父母会立刻上前护住自己的孩子，狠狠地责怪别人的孩子。

在这样重重呵护之下教育出来的女孩，会以为所有的人都得让着她，什么事情都要家长来做，稍微有一点不满意，就会发脾气，甚至拿自己家里人出气，有的甚至会打自己亲人的脸来发泄自己的坏情绪。

放学了，一个10岁左右的小女孩从学校里蹦蹦跳跳地跑出来。女孩边走边玩着手机里的游戏。她的爷爷看上起来有六七十岁了，在学校门口接着自己的孙女，帮她背着书包，拿着水壶。孩子一边走一边玩，连瞟爷爷一眼都没瞟，似乎一切都是那样心安理得。老人看孩子玩得投入，怕她走到机动车道上，就不时拽拽她的衣服。

没走出多远，老人拽住孙女告诉她说："鞋带开了，系上再玩。"可女

孩不但没有弯腰去系鞋带，竟然连看都不看老人一眼，把脚往外一伸，说了句："给我系上"。老人先是一愣，迟疑地看了看孙女，孙女并没有停下手中的手机，而是有些不耐烦地催促说："快系上。"老人没再说话，弯下腰，给孙女系鞋带儿。女孩就这样坦然地伸着脚让老人系鞋带，她的眼睛一刻也没有从手中的手机上离开过……

你看，家人对孩子们是多么宠爱！但是，这是对孩子真正的爱吗？是对孩子负责吗？

如果对孩子过分宠爱，百依百顺，允许孩子饮食起居、玩耍学习没有规律，要怎样就怎样，睡懒觉，不吃饭，白天游游荡荡，晚上看电视到深夜。这样的孩子长大后缺乏上进心、好奇心，做人得过且过，做事心猿意马，有始无终。

如果过度宠爱孩子，什么都包办代替，结果三四岁的孩子还要喂饭，还不会穿衣，五六岁的孩子还不做任何家务事，不懂得劳动的愉快和帮助父母减轻负担的责任，这样包办下去，必然失去一个勤劳、善良、富有同情心的能干、上进的孩子。

如果过度宠爱孩子，有点风吹草动，就大惊小怪，孩子摔倒了就会趴在地上哭着不起来，就会变得胆小怕黑。孩子本来是"初生牛犊不怕虎"，不怕水、不怕黑、不怕摔跤、不怕病痛，摔倒后往往能够自己不声不响地爬起来继续玩，为什么会变成这样呢？全是大人过分宠爱造成的，孩子稍有点问题就表现得惊慌失措，后悔自己没带好孩子。娇惯的最终结果是孩子不让父母离开一步，变得越来越懦弱。

过度宠爱孩子，是以剥夺孩子的独立性为代价的。娇惯使你的女孩变得胆小无能，丧失自信，养成依赖心理，还往往成为"把门虎"，在家里横行霸道，到外面胆小如鼠，造成严重性格缺陷。

这样无条件的娇惯，家长有没有想到女孩在以后成长的路上怎么办？家长这样做其实就是在毁了女孩。

爱孩子要学会正确地去爱，而不是过分地宠爱，更不能无原则地溺爱，无原则地溺爱只会让孩子变得糟糕。

像所有的父亲一样，鸿宇非常疼爱自己的女儿甜甜，但并不过分宠她。小甜甜刚学会走路的时候，如果突然摔倒了，海滨从不抱她或者扶她，而是让她自己爬起来。如果真的摔痛了，鸿宇会想办法转移她的注意力："啊呀，看看地板都被你砸了个大洞了。"小甜甜回答："这个洞不是我砸的，那个洞才是我砸的。"看，鸿宇一句话，就让小甜甜一下忘了疼痛。

小甜甜从来不会因为大人没有满足她的要求而乱发脾气。有一次在超市，售货员很热情地向小甜甜介绍各种零食，小甜甜掂量了半天才从中挑了一样。

"小朋友，你为什么不多挑几样啊？这多好吃呀！"售货员问她。

小甜甜回答说："我只有两只手，一只手拿东西，另一只手用来付钱。如果拿两样，我就没手付钱了。"

其实，这是鸿宇给小甜甜定下的规矩：每次逛超市，无论是食品还是玩具，只能买一样，不能多买。所以当小甜甜看到有小朋友因为父母没有满足他们的要求而在地上打滚发脾气的时候，她会震惊地对爸爸妈妈说："看，那个小朋友多不懂事呀！"

家庭是温暖的，但社会却是残酷的。孩子终究是要成熟并走向社会的，社会不会纵容适应那些被宠坏了的孩子，被宠坏的孩子在置身社会时会茫然不知所措。为了孩子能适应社会要求，家长必须以理智的态度严格要求、严格训练，只有这样才是对孩子真正的爱，才能使孩子终身受益。

一个真正意义上的好父母不应该只从物质上去满足或培育自己的孩子，而是应从精神上去逐步教导她们成为一个积极进取、健康向上的人。爱孩子，就要用"爱和自由"来约束孩子。养育孩子是一门艺术，其中有几点要注意：

第一，教育孩子尊敬父母

孩子与父母的关系是孩子与他人交往的基础。所以，要让孩子尊敬父母，是对孩子的一生负责。如果一个连父母都不尊敬的孩子，就很难对他

进行有效的教育。正像一位教育学家所说:"若是你不能使一个五岁的孩子把玩具从地上拾起来,你就不可能在孩子步入青春期这个一生中反抗最激烈的时期施行任何程度的有效控制"?纵容孩子无礼,等于埋下了犯罪的隐患。

第二,不让无理取闹的孩子得到好处

有人说,"三岁看大,七岁看老。"不是没有道理。有些坏习惯往往是从小养成的。所以,我们做父母的要有一个信念:孩子每一次无理取闹,绝不能让她得到好处,尤其是第一次。坚决不能纵容孩子的错误行为。

第三,管教之后进行沟通

一番宣泄后,小孩子往往想依偎在父母的怀里,父母应该张开温暖的双臂欢迎她。你可以耐心地跟她谈谈,因为这个时候你的话她最容易听进去。因此,父母不应该害怕冲突,或者在冲突时退却。对大孩子批评后,要适当地鼓励,施以父母的温情,对孩子要求的合理部分要给予满足。这等于告诉孩子,父母是爱她的,父母否定的不是她本人,而是她的不恰当行为。这样,管教孩子就有了一个充满爱的结尾。

当然,不宠爱不是就要走到另一个相反的极端,无情地打压孩子的自我,而是满足孩子的正当需求,给孩子宽松自由的空间,让其能自由地发展自己的心志。对孩子的无理要求则要坚决拒绝,孩子以自己的智力竭力扩大自己的自由空间,使自己的自由达到社会环境容忍的最大限度,孩子在探寻。挫折是人生必须的体验,也是必然的体验,在孩子小的时候,让孩子知道世界不是以他(她)为圆心转动的,才是对孩子负责任。

8. 做女儿的坚强后盾

女孩子都比较脆弱，遇到困难的时候容易消沉、失落，遇到压力的时候容易退缩。这时，父母要做女儿的坚强后盾，做女儿最信任的朋友，给女儿精神上的支持以及行动上的指导。

玉琪是个聪明要强的孩子，成绩是呱呱叫，而且钢琴、舞蹈、摄影样样精通。她对自己要求很高，总是觉得自己可以做得更好，每件事一定要争取完美。做好了，是应该的，可一旦碰到点挫折，她就格外难过，在她眼里，考99分就是失败。

有一次，玉琪的班上要挑选几个同学参加数学竞赛。玉琪的数学成绩非常出色，所以志在必得。不料当天可能是因为求胜心切，压力过大，导致发挥失常，玉琪居然没能被选上。玉琪别提多伤心了，打电话哭着问妈妈："妈妈，我这次没被选上，你晚上会不会不给我吃饭？"

妈妈对女儿说："宝贝，你怎么能这样想呢？妈妈不会这样做的，妈妈永远是爱你的，你就是考零分也是妈妈的好宝贝，不要有心理压力。再说，没选上也有好处啊，这就表明咱们在这方面还有欠缺，早发现可以早弥补啊。"

"可是妈妈，我觉得我应该做到最好的。"

"宝贝，想做好是对的，但人不可能永远是最好的。像你跳舞，在舞蹈班上你是很棒的，老师表扬你最多，可有时候，别的同学比你跳得更好，老师也会表扬她的。你可以向同学学习，努力做到更好，但不要有压

懂得女孩，教好女孩

力，觉得被人超越就是不可饶恕。"

"妈妈我明白了。"听了妈妈的话，玉琪的情绪好了起来。

玉琪的妈妈总是说："孩子考零分都是我的好宝贝，因为我十分了解我女儿，她是绝不可能考零分的，她学习自觉性特别强，性格又要求完美，所以我该做的，只能是给她减压。而且在我看来，不能给孩子太大压力，这个时候要培养的是良好的学习习惯、阳光的心态和健康的身体。这三条做好，以后孩子的学习成绩就不用太操心。"

玉琪的妈妈多体贴女儿，多善于帮助女儿！女孩子在成长的过程中，不可避免地会遇到各种挫折、困难和问题，这些都需要父母的帮助，在女孩子情绪不好的时候给予疏导，在女孩子遇到问题的时候给予指导。这样，女孩子才会在爱的怀抱中健康成长。

森森的妈妈偶然中发现女儿的QQ上面的签名竟然是：假装快乐，后面的个性签名里还写着：我好累。

妈妈一下子感到自己的心里沉甸甸的：女儿每天挂在脸上的笑，竟然是插在瓶子里的塑料花；她每天看着高高兴兴的，竟然只是给爸妈看的表象，却把最沉重的一面给隐藏了。那么，她那许许多多的心事，又去说给谁听？自己扛着吗？

妈妈深深地自责："我们爱她，却还是南辕北辙，让她离快乐越来越远了。"

于是妈妈和爸爸商量着怎样让女儿高兴起来，最后决定：不管工作多忙，每个人都至少要抽出半小时的时间陪她说说话儿，孩子从父母这里找到慰藉，就不会觉得孤单，也会少向别人寻求温暖。

于是，每天一日三餐，成了和女儿交流的最佳时间。最开始是爸妈主动询问，却并不过多地提及她的学习，只问一些无关紧要的有趣的事。

"森森，你们班今天又有什么有趣的事呀？"

慢慢地，森森的话匣子就打开了，哪个同学上课不听讲被老师批评，哪个同学上体育课把鞋子踢飞了，哪个同学捡了一角钱去交老师被老师当面表扬……当然，也有不愉快的小插曲儿，上课时调皮的男生往她的文具盒里放了一只小壁虎，吓得她差点跳起来，她扬言要跟那个同学斗争到底……爸妈微笑着听她说，有时会陪着她哈哈大笑，有时也轻轻指点她一下，同学间的恶作剧，不必太认真。

每天半小时的闲聊，女儿跟爸爸妈妈的话明显多起来，她跟爸爸妈妈的关系也越来越亲密。躺在沙发上看电视，她又像小时候那样歪在爸爸妈妈的怀里，笑爸爸的啤酒肚儿，说妈妈的"游泳圈"，一脸的调皮与娇痴。她还会在网上跟同学聊天，聊完了有时会忍不住把聊天内容说给爸爸妈妈听，有时不说，爸爸妈妈也不再去问。

那个快乐、阳光的小女孩儿又重新回到爸妈的身边来了。有一天妈妈上线，看到森森的QQ，名字已经改成了：假装寂寞。面对那个名字，妈妈不由得开心地笑了起来。

有了爸爸妈妈这个坚强的后盾，还有什么事情能够难倒孩子们呢？所以，爸爸妈妈要细心地体会孩子的心情，发现孩子心中蕴藏的问题，耐心、细心地为孩子排忧解难，孩子就能够健康成长。

要做孩子的坚强后盾，除了要细心地发现孩子的问题外，还要多理解，不能孩子一有问题就大骂一通，甚至大打出手，应该仔细了解情况，耐心听取孩子的意见，从孩子的角度考虑问题，为孩子想出一个最适当的解决办法。

第四章

培养女孩子不可缺少的能力

衡量家长对女孩的教育是否理性的方法,就是让女儿离开你独自生活几天。如果你能很自信地说:"没问题,我相信女儿!"那说明你对女儿的教育是理性的;如果你对女儿的能力表示怀疑,虽然这说明了你是爱女儿的,但正是由于这种不科学的爱,证明了你对女儿的教育是非理性的。

1. 让女孩子"能说会道"

女孩很有语言天赋，如果和男孩辩论的话，男孩大都会甘拜下风。可是女孩感情丰富、细腻，却又很脆弱；自尊、要强，却又很怕羞；她们既想得到别人的尊重，又喜欢包藏心中的秘密。因此，很多女孩子并没有将自己的语言天赋发挥出来，不善于表达自己。

朵朵是一个可爱的女孩儿，在学校成绩非常优秀，作文总是被老师作为范文在课堂上宣读。但她却总是沉默寡言，见人连个招呼都不敢打，课堂上老师让她回答问题的时候，总是红着脸，结结巴巴不知道怎么说。

原来，朵朵的父母由于工作忙，就把她给爷爷留在家里。爷爷对朵朵的成绩要求比较高，所以总是让她在家学习，不让出去和小朋友们玩。时间长了，朵朵就变得沉默寡言，不愿与人交流。

能说会道的人，往往在什么场合说什么话，对什么样的人说什么话，能够灵活地运用语言这个交流工具。这种技能不是生下来就有的，是要在与人交往中慢慢学会的。女孩的语言表达能力，从小就要开始培养，只要有心，就会起到作用，父母应该给孩子一个轻松的环境，鼓励孩子多讲话。谈话的内容可以是一些孩子熟悉的话题，在轻松的气氛下进行交谈，帮助女孩掌握最佳的说话方式，并坚持下去成为习惯。

周日，妈妈在商场买衣服，5岁的女儿橙橙也跟着，还帮妈妈挑了一件衣服让妈妈试穿。妈妈从更衣室里出来时，橙橙热情地说："妈妈，你穿上新衣服了，美女！"妈妈说："是吗？再加一个字。"她说："大美女！""再加两个字。""漂亮美女！""再多加几个字。""漂亮得不得了的美女！"妈妈很兴奋——为女儿的聪慧，为女儿的热情，为女儿有这么好的语言组织能力。

老师反映橙橙平时在幼儿园里语言表达相对同龄人要好。其实妈妈平时并没有刻意地教她，只是在日常生活中特别注意同她说话的方式，尽量用词语交流，比如，吃饭的时候，妈妈会说："橙橙，妈妈要上班去了，快要迟到了，你要配合妈妈吃快一点，要不然妈妈真的要迟到了。""哦，好的，橙橙会配合妈妈的。"所以平时她就会用"配合"两个字；女儿很喜欢去公园，在秋天的时候和橙橙一起去公园，看到银杏树，妈妈说："橙橙，你看金黄色的银杏叶落下时像蝴蝶一样翩翩起舞。"橙橙听了就自己跳起舞来，边跳边说："妈妈，我也和银杏叶一样翩翩起舞了。"妈妈就夸女儿："橙橙的舞姿真的好优美呀！"看到公园里漂亮的菊花时，橙橙想摘一朵，妈妈告诉橙橙："好东西要和大家分享，花是用来观看，欣赏的，而不是摘下来一人独享，再说了，你把花摘下来，花儿的妈妈会很伤心的，所以，好东西应该一起分享。"

过来几天，橙橙在看电视，当看到她认为很好的节目的时候就高兴地叫："妈妈，快过来欣赏这个节目，我们一起来分享。"当给她买了一包薯片时，她也会说："爸爸妈妈，我们一起来分享。"看到电视上有舞蹈的节目，橙橙也会说："姐姐的舞姿很优美。"每当妈妈见女儿说出很恰当的词句是时，都会拥抱女儿并且鼓励她："说得很好！你真棒！"

很多词语橙橙都会用，而且很少出错的。比如带她坐公交车，看到很多人，她会说："好拥挤，人山人海的。"春天一起放风筝的时候橙橙会说："今天真是个风轻云淡的好天气，阳光好温暖呀。我对风筝收放自如。"六一儿童节她会说："妈妈，今天是个美好的日子，是个开心快乐的日子。"看到小男孩玩得高兴就说："他们真是生龙活虎呀！"看到爸爸吃饭时不小心掉在桌子上一粒米就说："爸爸小心点，粒粒皆辛苦

呀。"妈妈的头发长，每当妈妈对着镜子梳头的时候，橙橙就说："妈妈，你是'黑发三千丈，''对镜贴花黄'。"女儿不光会用词，还会改词，妈妈很是欣慰。

能说会道的能力都是日积月累锻炼来的，父母一定不要心急，要注意在日常生活中对孩子语言能力的提高。多让她到外面去见见人和事。把她放在有很多小朋友的地方，在她可能自己解决问题的情况之下，让她独立完成。对于小一点的女孩先从读短小的儿歌和听故事开始，慢慢地引导孩子说出自己内心的想法。不管在家里还是在外面，要让她勇敢地表达自己的观点。

出色的口头表达能力，其实是由多种内在素质综合决定的，它需要冷静的头脑、敏捷的思维、超人的智慧、渊博的知识及一定的文化修养。所以，让女孩博览群书很重要，只有积累了一定的知识，才能有好的语言表达能力，才能说出独到的观点，让人折服。如果什么都不知道，说出来的话也就没有什么水平了。

2. 让女孩成为金钱的主人

现在的家长大都比较重视孩子的智商、情商的培养，却忽视了孩子的财商教育。很多家长总是抱着"再穷也不能穷孩子"的想法，导致了现在的孩子花钱为所欲为，不懂控制，这对孩子的成长十分不利。

从小培养孩子的理财能力，教会她如何管理金钱很重要。在孩子的成长过程中，开销不断增加，父母要如何为孩子储蓄未来？只靠父母的辛苦工作和省吃俭用，不如从小就培养孩子学会一些投资理财知识，这比给孩子很多的钱更重要。

张女士提起正在读大学的女儿就直摇头叹息："我就是她的自动提款机。"

张女士夫妻俩每个月的收入也就3000多元，可女儿的开支就要占去三分之一。尽管这样，女儿仍喊钱不够用。张女士给女儿的开支算了一笔账：日常生活开销500元、电话费100元、买衣服200元，还剩200元作为机动费用。

夫妻俩在外辛辛苦苦打工，可女儿不但不心疼父母，每月只要一打电话，没有别的事情，准是要钱。

前一段，女儿手机的提示音为欠费停机，张女士担心女儿出事，又往女儿的银行卡里打了200元。"不打钱给她，怕她出事；可这样无休止的妥协，何时是个尽头？"

张女士很无奈。

从张女士的无奈之中,我们可以看到理财能力对于女孩子的重要性。父母不要以为孩子小就不理解金钱。孩子对金钱的兴趣可以说是与生俱来的,如果父母引导到位,孩子的理财能力也是超乎想象的,早期的金钱教育对孩子树立一个正确积极的金钱观,形成良好的理财习惯与技巧有着不可估量的潜在作用。

李梦和李真是一对9岁的双胞胎姐妹,每当和爸爸妈妈逛超市时,姐妹俩从来就不考虑东西贵贱,只要自己喜欢,管它有用没用,只管将东西往购物车里扔。

爸爸妈妈觉得姐妹俩这样下去不是个办法,就开始琢磨如何教孩子理财,经过不断实验、失败、再实验,他们终于总结出一套可行的方案——让孩子花她们自己的钱!

爸爸妈妈为姐妹两个各自开设一个账户,给她们每人一张卡,里面每个月都会给她们存一部分钱。这样做相当方便,姐妹两个也很喜欢,因为当她们想要买东西时,就可以不用再向爸爸妈妈要钱了,只要直接刷卡或者去提款机取钱就行了。姐妹两个很是兴奋。

没过几个月,李梦对购买芭比娃娃的兴趣越来越小,她开始关注自己每月的账单,看着自己账户里的钱不断增加,感到非常高兴。李真呢,虽然并没有完全放弃对漂亮衣服的喜爱,但光顾商场的次数比以前越来越少了,开始慢慢地变得节省起来。妈妈说:"你们近来有什么感想呀?"姐妹两个认真地说:"以前感觉拿的都是你们的钱,现在感觉账户里的钱是自己的,花了就少了!"

后来,当全家一起逛街购物时,爸爸妈妈每次给孩子100元,告诉她们这些钱归她们自己支配,花剩的钱,可以存起来。结果有时一天逛下来两个人的钱都没怎么花。现在姐妹俩想得更多的是如何将钱存进自己的账户里,不是特别需要的东西基本很少买,看着自己账户里的钱越来越多,姐妹两个都很开心。

有些家长通常都会将孩子好不容易存下的零用钱或是长辈送的红包，全数收回去，还说"爸爸妈妈替你存着"，这样反而会造成孩子一拿到钱就赶快花掉的坏习惯，因为他们多会认为，存下来只会被大人"没收"。所以，如果不想让孩子乱花钱，就要教会孩子有储蓄的能力。

给孩子开一个账户，教会她如何储蓄，让孩子了解如何存取，什么是利息等，让她亲身感受到获利的成果，孩子会很乐意这样做，会想办法节省每一分钱，让自己账户上的钱逐渐地多起来。

教育孩子学会理财，其目的不仅仅是对金钱的合理使用，更重要的是培养孩子的一种品质。这样不仅可以锻炼孩子的能力，也让孩子了解到金钱的来之不易，培养孩子正确的金钱观。

媛媛今年上三年级，每周的零花钱经常超过50元，这对于都是工薪阶层的爸爸妈妈来说可是一笔不小的开销。为了让孩子懂得节约，妈妈费了不少口舌，但每次孩子都理由充足，总是不忍拒绝。

这样下去可不是办法。夫妻二人一商量，感觉一味要求节省的理财教育对现在的孩子效果已经不明显了，不妨大大方方的教会孩子花钱，正确的对待金钱和使用金钱。于是他们跟女儿商量，每月给女儿200元，买学习用品和零食，如果剩下的就可以存起来买自己喜欢的东西，不过钱花哪里了要一一记下，但如果透支了自己负责。女儿很高兴，她还没有一下子从爸爸妈妈手里拿过这么多钱呢。

可两周后，女儿愁眉苦脸地来找妈妈了："妈，钱没有了！"妈妈虽然早意料到了，但还是吃惊地说："没了？那么多钱都花完了？让妈妈看看是这么花的"。女儿拿出了自己的账本，不好意思地低下头。

"薯片5元，小镜子4元，QQ糖3元……很不错，我们媛媛挺会花钱的，账也记得很清楚呢！"女儿的脸红了："买的都是吃的和玩的，没有买学习用品，就没钱了。""那可怎么办呀？"妈妈故意说，"妈，你能不能给我一点钱买学习用品呢，算我借你的，下个月我节约点，省下钱来还你，我保证以后绝对不透支了，要不然我给你打个借条？"媛媛一脸认真地说。"那倒不用，我相信你。"

懂得女孩，教好女孩

又一个月过去了，女儿主动交出了账本，自豪地说："妈妈请检查。"练习本2元，文具盒5元，橡皮一元二角……总计：67.5元，剩余：132.5元。

"妈妈，我把上个月因为透支借你的钱还你后，想把剩余的钱存起来，等攒的多了买我需要的东西，行吗？""太好了，你不用还妈妈了，一块存起来吧，妈妈为你高兴，媛媛已经会当家做主了。"女儿开心地笑了。

许多家长也许还没意识到，让孩子花钱也是"成长需要"。让孩子自己去选购简单的学习用具和生活必需品，可以通过购物这种最基本的生活技能，培养孩子社会交际以及独立生活的能力。家长可以根据孩子拥有零花钱和压岁钱的多少，与孩子商量后，共同制订一份使用计划书，让孩子自己放手使用。比如用多少钱购买学习用品，用多少钱娱乐，用多少钱储蓄，用多少钱购买自己喜欢的物品。通过这种方法，培养孩子合理的消费观念。让孩子自己掌握、使用属于自己的钱，她们才有可能知道什么钱该花，什么钱不该花，才有可能学会合理消费，学会管理自己的金钱。

3. 让女孩自己管理自己

很多女孩的父母都认为，女孩天性胆小，脆弱，敏感，因此，需要给女孩更多的保护。结果什么事都给孩子做了，什么都替女儿想了，孩子却越来越没有自我管理的能力。所以，要从小培养女孩的独立意识和自我管理能力。

丹丹现在已经12岁了，是一个非常独立的女孩。这和妈妈从小就着重女儿的独立教育是分不开的。

在丹丹会走路之后，只要不是特别远的路就让她自己走着去，每次妈妈要带她出门的时候，丹丹都伸出手奶声奶气地说："妈妈，抱抱！"这在好多父母眼里是很难拒绝孩子的，可丹丹妈妈却蹲下来对女儿说："妈妈抱着是很累的，如果宝贝想出去玩呢，就自己走，让妈妈抱着呢，我们就回家，宝贝是要出去玩呢还是要在家玩呢？"

丹丹非常聪明："妈妈抱着出去玩。"

"那不行，你只能选择一个。"妈妈坚决地说。

丹丹哭闹着要妈妈抱着出去玩，但妈妈坚持原则没有带她出去。

第二天，丹丹又要出去玩，这次竟然主动地说："不让妈妈抱，出去玩。"

后来，丹丹很少再提出让妈妈抱了，除非太累的时候才会想起让妈妈抱。

懂得女孩，教好女孩

孩子都很聪明，当二者选其一的时候，她们都会选择自己走路出去玩的，只要家长坚持原则，只要肯放手，从小事上开始培养女孩的独立意识，孩子一般自己能解决的事情，就不会来纠缠家长的。女孩独立与否是一辈子的事，引导孩子自己负责，承担自己的责任，做一个凡事都独立思考，有一定的自我管理能力的人，这比什么都好。

"疯狂英语"大家都不陌生，对创始人李阳也非常熟悉。李阳的太太是美国人，名叫Kim。Kim和李阳一共生了三个女儿。大女儿李丽今年6岁，二女儿李娜2岁，三女儿李花才两个月。带三个孩子，Kim竟然不要保姆。像所有的美国家长一样，Kim非常重视从小培养孩子独立生活的技能。她认为，从小就独立的孩子是自信的，从小就独立的孩子走入社会才能从容不迫，游刃有余。

孩子八九个月大，能自己端住杯子时，就开始自己喝水；能捧住饭碗了，就开始自己吃饭，一开始吃得满地、满身都是。刚会摇摇晃晃地走路，孩子就自己提了小凳子去卫生间——个子太矮，要踩上凳子，才能够坐上马桶，手纸常常被她拉得老长老长的。很少中国父母会情愿搞成这个样子，但Kim像所有的美国妈妈一样，认为把脏成一团的孩子洗干净，要比重新树立起她们做事的积极性和勇气容易多了。

李阳的助理看到那么小的孩子笨手笨脚地系鞋带，常常忍不住想帮忙。而这时小小的李丽和李娜最喜欢说的一句话是："I can do it."这是美国孩子常说的一句话。Kim总是说："NO，替孩子做她们能做的事，是对她们积极性的最大打击，也是对她们自尊的伤害。"

正因kim从小对孩子独立生活能力的培养，李丽两岁时就让李阳惊得目瞪口呆。晚上，小李丽跟妈妈道了晚安，自己安静地睡觉，夜里自己开灯去卫生间；早晨醒来，李丽自己刷牙洗脸；然后自己搭配衣服：嗯，白裤子配红上衣？黑短裤配这件碎花T恤也不错。

把自己打扮得像个小公主一样漂亮后，李丽坐在桌前吃早餐。她刚刚两岁，碗里的饭吃得干干净净，衣服上也干干净净。饭后，李丽坐在地板上看书，一看就是一两个小时。她想喝水，妈妈让她自己去倒。想喝酸奶，就自己提张小凳子，踩上去，从冰箱里取。

如今，二女儿李娜也已经两岁了，就像当年两岁的李丽一样，她自己管理着自己的一切。而6岁的李丽，完全像个小大人了，除了打理自己的生活外，还帮妈妈扫地，带妹妹，甚至会做美味的糕点——从和面、配料、烘烤，到端出香喷喷的糕点。李丽牌蛋糕，是李阳家中的名点。

没有自我管理能力的孩子，就没有独立性。要培养孩子独立思考，就要提供一些机会给孩子自己去思考、自己去感觉：什么对？什么错？什么应该做？什么不应该做？什么应该怎样做？什么不应该怎样做？……

千万别小看了孩子。看看两岁的李丽，你就知道孩子的能力有多大了。孩子们的能力是父母给的，父母让孩子有自理能力，他们就非常自主和独立，父母不让他们有自理能力他们就凡事依靠父母，生活难自理。孩子是否能够管理自己，全在父母的有意无意之间。

当女孩有了独立完成这件事的能力时，做父母的就要放手让女孩独立完成这件事。从小培养女孩的自理能力，摔倒了自己起来、自己吃饭、自己穿衣、自己收拾书包、自己整理书桌、自己选择文具……给女孩施展能力的机会。在这些机会中，女孩的自理自立能力会不断得到加强。

女孩终究要进入社会，从小培养女孩的独立思考，自立自强能力十分重要。自立自强不是男孩的专利，女孩子同样能够做到。

4. 良好的学习习惯

良好的学习习惯可以更好地激发女孩学习的积极性和主动性，提高女孩的学习效率，培养孩子的自学能力，作为父母。该怎样培养女孩良好的学习习惯呢？

茜茜的学习成绩非常优秀，她自己总结自己能够取得好成绩的秘诀，就是因为自己有良好的学习习惯。

茜茜在妈妈的帮助下制订一系列的学习计划，而且保证每节课都认真听讲，充分利用课堂上的时间，放学后总会先完成老师布置的作业，然后再和伙伴玩耍。在学习中，遇到不会做的题目，茜茜也总是想办法自己去解决，从不逃避困难，依赖老师或者别人的帮忙。

初二时，茜茜的物理成绩不是很理想。于是，每次上物理课茜茜都集中十二分的注意力，课后有问题就及时地向老师和同学请教，自己还买来练习试卷，卷子上的题都认真地做一遍，这样，茜茜的物理成绩慢慢地得到了提高。

茜茜还有一个小窍门，就是每次考试结束后，茜茜都会分析自己的试卷。"哪些题目是自己不太深入的，还没有掌握牢固，就用红笔在旁边标上'不深入'，哪些题目是自己因为不认真做错的，在旁边标上'不认真'。这样在以后复习的时候，主要看不懂的题目，有时会重新做一遍，不认真的题目会更注意地看一下。从小学到现在，茜茜的错题集已经有厚厚的一摞了，涉及各个学科。

父母是孩子最好的老师，成人的态度，周围的环境无时无刻不在影响孩子对学习的态度。如父母有空便读书看报，常谈学习的重要性，善于给儿童买些有益的书籍，交流孩子在校情况，用父母的行为、思想在潜移默化中影响孩子。要尽可能为孩子提供一间单独的学习室，让孩子有一个不受干扰的学习空间。

作为父母要注意在日常生活中培养孩子主动学习的习惯，我们看看下面这个妈妈怎样培养孩子的学习习惯的：

妈妈买回来一个很大的榴莲，好奇的女儿被这个从未见过的东西吸引住了，这位妈妈用这样一种方式对待好奇的女儿。

妈妈告诉孩子"这是榴莲"，然后就把榴莲放在孩子面前的地板上，自己先去把买回来的其他东西放好。好奇的女儿围着这个大大的榴莲转了一圈，就忍不住下手了，女儿很快又把手缩了回来，并且对着妈妈喊："妈妈，这个榴莲很刺手，我被它刺了一下。"

妈妈回应说："是的，榴莲会刺手，不过不要紧的。"于是孩子又尝试抓起榴莲的柄，想把它拎起来，可是榴莲太重，女儿马上就把它放下了，"妈妈，这个榴莲好重，我拎不动它。""是的，榴莲很重。妈妈拿回来都很累的。"

女儿又尝试着滚动榴莲，结果真的把它滚动了，女儿高兴极了："妈妈，我要把榴莲滚到厨房去。"妈妈也很高兴地说："你真能干！"

"妈妈，我闻到一股臭臭的气味，榴莲是不是不能吃呀？"

"不对，孩子，榴莲是一种水果，是可以吃的，吃起来味道很不错的。"

"怎样吃呀？"

"切开之后把里边的果肉拿出来就可以吃了。"

"这么难闻会好吃吗？让我尝一尝……乳白色果肉……真的很好吃！"

女儿最终明白了：榴莲很多刺，会扎手；榴莲是很重的；榴莲可以滚动，因为它接近圆的；它闻起来很臭，切开来是乳白色的，可吃起来却

很香。

这一切都是女儿通过自己的尝试发现的,她不仅懂得了榴莲的特性,还学到了认识榴莲的方法,可以摸一摸、拎一拎、滚一滚、闻一闻、切开它、尝一尝,下一次妈妈可能带回一些其他不同性质的东西,女儿可能又会用她用过的方法来探索它,认识它,在这个过程中,女儿明白了这些都是性质不一样的东西,要用不一样的方法去认识它们。

女儿也学到了知识,同时又学到认识事物的方法,更重要的是,她体会到了主动学习、主动探索的乐趣和成功感,久而久之,女儿就形成了主动学习的习惯。

所以,不要让女孩按照父母自己的意愿把她的时间安排满满的,要多留一些时间让女孩自己安排,如果她还小,想不出可以自己安排什么活动,父母只可以给她多提几个建议让她选择,但一定不要替她做决定,多鼓励女孩主动探索,不要总说"不准";在孩子专心做一件事情的时候,不要干扰她和催促她,更不要跟在孩子身边不停提醒她该怎么做,不该怎么做;在孩子解决问题遇到难题时,不要急于帮助她,给她多一点时间让她自己去思考,不要急于把结果告诉孩子;不要帮孩子做检查作业、收拾书包的工作,这些是她自己的事情,也不要总是盯着孩子做作业,要让她养成自己主动学习的好习惯,而不是在你的监督下完成。

父母要引导孩子找到学习的乐趣。每个孩子都爱看电视、爱玩耍,不爱学习,这没有什么错,那是因为她觉得学习远不如看电视、玩游戏有趣。父母可以通过一些形式与孩子一同找到学习的乐趣。对于低年级的孩子,可以让孩子来当老师,让她把自己在学校学到的知识"教"给妈妈,或来个家庭比赛,让女儿和家里的人来一个成语接龙比赛、找错别字比赛、口算比赛……而对于中高年级的孩子,可以一起探讨某本她喜欢的书或者一篇优美的文章,或与孩子探讨她的哪篇作文写得真不错,哪道数学题解题思路很棒等等。学习过程要适当的表扬孩子,表扬时不要过于夸张。

妈妈还要给孩子适当的帮助指导。孩子在学习生活中会遇到许多困难，毅力稍差的就会知难而退。这时，父母的及时帮助、适当引导就十分重要了。当孩子在学习生活中遇到困难时，父母要在必要的时候帮她一把，给以点拨，但不能代替孩子来做；要引导孩子尽快掌握学习方法，让孩子在学习过程中学会自己学习。孩子在父母的帮助下，自己克服困难，完成学习任务，就会感到格外轻松愉快，进而增强对学习的兴趣。良好的学习习惯不是一朝一夕养成的，需要我们家长长期坚持培养。而这良好习惯一旦养成，会使孩子终生受益。好的学习习惯成就孩子的一生，是孩子的一大财富。

第四章 培养女孩子不可缺少的能力

5. 踏着挫折前行

生活中，挫折无处不在，如：数学竞赛落选、考试没有取得理想的名次、被同学拒绝一起郊游、作业被老师批评、考试成绩不理想、父母没有给自己买喜欢的衣服，等等，大大小小的事情，都可能成为女孩成长中遭遇的一次次挫折，可以说挫折伴随着女孩成长的每一步。

女孩比男孩更爱惜面子、更加羞涩，往往在遭遇困难的时候退缩、恐惧，害怕失败，害怕受挫折。

巧丽从小在父母的精心呵护下长大，父母从不让她做和学习无关的事情，巧丽的童年可以说是泡在蜜罐里长大的，要什么父母都尽力满足，跌倒了，父母就慌忙跑过去把她扶起来，哄上半天。随着女儿的长大，她越来越娇气，依赖心理很重，遇到一点挫折就退缩。

很快，巧丽上中学了，最近却闹着要转学，父母很是不解。女儿以较高的成绩考入了市里的重点中学，可一年下来，女儿的成绩直线下滑，还变得郁郁寡欢的。而她要求换学校的原因很简单，就因为一次她数学题做错了，老师批评她没有认真审题，太马虎，她感觉老师不喜欢她。

也是，以往听到的都是老师表扬赞赏的话，从没有被老师批评过，她听不得老师的批评，即使善意的劝说也让她心理承受不了。又加上刚入学时的不适应和同学之间的激烈竞争，学习成绩没有以前那么辉煌，让巧丽不能接受目前的处境。所以她要选择逃避，离开这个学校。

只要仔细观察,就会发现相当一部分孩子都有或多或少的胆怯、敏感、脆弱等心理问题。遇到困难一味地逃避,就是不知道去面对和解决。

现在的女孩为什么会这么脆弱,这么经不起挫折呢?其实,都是父母造成的,父母为她们做得太多,太全面,为她们遮挡了太多的风雨,让孩子只见得了彩虹,却经不了风雨。父母对她们的娇惯和期望是成正比的,越娇惯期望也越高,而孩子在没有达到父母预期的那样时,父母又不能用正确的方式给孩子解压,给孩子增加了过大的压力。

当女孩在生活和学习中遇到困难时,我们的父母一定要让女孩明白,人人都会遇到困难和挫折,而困难和挫折是可以克服的,可以去解决的。父母要让女孩克服依赖思想,鼓励她独立面对困难。只有当她充分地感受到挫折带来的痛苦体验时,才会激发她们考虑如何解决问题、克服困难。若这个过程经常得到强化,女孩就会在挫折情景中由被动转为主动,从而战胜困难。

小芳是一名初二的姑娘,她面对困难的时候总是要找爸爸帮忙。为了提高小芳抗挫折的能力,放暑假的时候,爸爸让她去街头卖报,还可以为自己赚点零花钱,体验一下劳动的艰辛。

夏天的气温高达38度,小芳豪情满怀地出发了。小芳很聪明,她决定在人流相对集中的公交站点和商场门口叫卖。

从来没有当街叫卖的小芳,看着满大街的人,事先想好的叫卖语一句也叫不出来。在心里为自己打了半天气,才低声喊出了"卖、卖报"。那声音,估计只有小芳自己能听见。过了一会儿,小芳见好像没有人注意自己,胆子才逐渐大了起来,大声叫卖起来:"晚报!晚报!世界大事全国大事,一份报纸全知道。"

虽然敢于大声叫卖了,可转悠了半天,也喊了半天,却一份报纸也没有卖出去。小芳觉得大家都用异样的眼光打量自己,有的还以嘲笑的口气取笑小芳:"小姑娘,别在这瞎转悠了,卖一份报纸还不够我喝一杯啤酒呢,回家算了,看你多累呀。"

就这样,忙乎了一天,回到家里,一清点,一天才卖了10多块钱。小

懂得女孩，教好女孩

芳心里感触万分：成功并非我们想象的那么简单，就如卖报纸一样，看似简单，实际上却不容易。

在父亲的鼓励下，第二天，小芳又到街上去卖报纸。也许是有了第一天的经验，这一天，小芳的报纸基本上都卖出去了，小芳非常高兴，她觉得，自己也有能力战胜困难，也非常能干。

对于女孩来说，有意识地让她吃点苦，受点累，让她品尝一下生活的磨难，让她感受一点生活的挫折，她就会懂得人生的道路是坎坷的，并学会从挫折中接受教育。女孩子虽然柔弱，但是同样要培养她们吃苦耐劳的精神，培养她们独立意识和应付困难的勇气，使她们具有应付困难的心理承受能力，这是十分必要的。

要锻炼女孩抗挫折的能力，该她做的事情一定让她自己去做，该她承担的责任让她自己去负责，让她在挫折面前勇敢地面对，把女孩培养成为能够淌着挫折前进的强者。

6. 让女孩成为交际高手

一个人生活在社会中，免不了要和别人打交道，在家中要和家人打交道，在学校要和老师、同学们打交道，在生活中还要和各种各样的人打交道。因此，每个人都要有和别人沟通、交往的能力。否则，在社会中就不能很好地生活。

但是女孩子天生就害羞，见人就往后边躲，在人际交往上没有男孩子那么活跃，这对女孩子的成长会有一定的影响。

慕青上学的时候成绩非常优秀，深受老师的喜爱。可是慕青也有一个缺点，就是不爱和人交往，遇到人连个招呼都不愿意打，总是把脸往旁边一扭就过去了，所以，人缘很差。

后来，慕青考上了一所知名的重点大学，但是她交往能力差这一点仍然没有改变，依然不善于与人交往。结果大学毕业之后，由于过于害怕和人交往，甚至连找工作的勇气都没有，直到现在还处于待业状态。

熟知她的人都说："这样连个招呼都不会打的人，就是考上博士又能干什么呢？"

每一个人在社会中都不是孤立的，一个具有较强交往能力的人，才能更好地适应社会生活，并取得较高的成就。有一项对6~9岁儿童的研究发现：不会处理人际关系的小朋友，有70%的学习成绩不理想。许多父母也都发现，培养孩子与其他人交往的能力对于她们今后的成长有重要的

作用。

孩子的社会交往能力不是与生俱来的，也不是父母灌输点"交际秘诀"就能够得到的。孩子的天性都是愿意和伙伴一起玩的，而且她们本能地会察言观色，但是她们需要在不断的交往中去体会和总结经验。

冉冉的妈妈在学校工作，冉冉经常跟着妈妈在幼儿园玩。有一次，有一个比她稍大一点的小哥哥也在那里玩。冉冉很高兴，两个人玩当然比一个人玩有趣多了。两个小家伙一开始相处得还挺融洽，可是没过多大一会，两个人就开始闹矛盾了。冉冉要玩"堆积木"，小哥哥非要玩"拍画片"，两个人玩不到一块儿，就争执起来了。那位小哥哥大声说："你真没劲，我不和你玩了！"

冉冉哭了，在大孩子面前，她显然还不具备足够的正面抗衡能力，所以就跑来找妈妈："妈妈，我不想玩了，我们回家吧。"妈妈把她带到外面，陪着她，让她哭了一会，等她情绪平静下来之后，妈妈问冉冉："还想回去玩吗？"冉冉气鼓鼓地说："我才不回去了呢！"妈妈说："那好吧，不过我还要进去拿点东西，你愿意和我一起去吗？"看得出来，冉冉其实还想继续玩，妈妈这么一说，冉冉马上说："好吧！"然后和妈妈一起回到屋里。

这时小哥哥正一个人在屋子里面的一个角落里玩。冉冉看着地上的玩具，说："妈妈，我还想再玩一会儿。"于是，两个人分别在屋子两边各玩各的。过了一会，小哥哥觉得没意思，看到冉冉一个人在玩商店卖东西的过家家游戏，也想参与，就过来在旁边看。过了一会儿他对冉冉说，"那个西红柿应该比鸡蛋卖得便宜才对。"冉冉脱口而出："才不是呢！"不过，她停了一下，然后又说，"那我把这两个卖一样的价钱吧。"

冉冉其实还是想和小哥哥一起玩的，她发现，互相反对的结果是没办法一起玩，于是就主动采取了让步的方式。

小哥哥显然也想和冉冉一起玩，就接受了冉冉的说法，说："好！那西红柿和鸡蛋就卖一个价钱。"于是，两个人就开始一起玩商店卖东西的游戏了，后来玩得直到幼儿园放学了，两个小家伙还都舍不得回家。

如果在冉冉哭的时候，妈妈就带她回家，那么这次交往留下的印象就可能对她产生不好的影响，下一次，冉冉有可能因为这次负面的经验而在交往中产生心理负担，从而在遇到相同经历时就可能会强化这次的消极经历。如果她通过自己想办法解决了问题，就得到了一个积极的经验，也会对今后的交往更加自信。

要培养孩子的交际能力，就要多给孩子锻炼的机会，尽可能地为孩子选择适合她的同伴，比如年龄相仿、个性彼此协调，尽可能创造出正面的交往经验，以此来增强孩子的信心。可以多带孩子或单独安排孩子去亲戚、朋友或邻居家串门、做客。使孩子尽量多结识一些朋友，包括异性小朋友与成人及老人等忘年朋友。让孩子在广泛交往与结交众多形形色色的朋友中学到更多知识，增加主动结交的胆量。如果孩子和小伙伴的交往不愉快，父母就要适当地提供帮助，要理解和倾听孩子，给孩子力量，但是不要给孩子打抱不平或者指挥孩子怎样去做，要让孩子自己去体验和处理在与别人交往的过程中产生的问题。

给孩子单独上阵的机会可以很好地锻炼孩子的交往能力。比如到小朋友或邻居家去串门，到亲戚家去做客，让孩子独自去，这都是锻炼孩子交际能力的机会。孩子出远门不让大人陪送，安排孩子去送个东西，打个电话。特别是让孩子代替父母去串门拜访，看望病人；去给某个长辈过生日，故意让孩子代表父母去送一份礼物；去给父母开点药；去为家庭购买物品等等。串门做客，需要寒暄和问候，也需要交谈和有关礼物的收送，这都是对孩子极大的锻炼。

要培养孩子的交际能力，还要让孩子学会独立地接待客人。如果家里来了客人，就不妨让孩子去接待，特别是与孩子年龄相仿的客人或朋友，作为父母千万不要包办代替。如果孩子什么地方安排得不妥当，等到她的小客人们走了之后，爸爸妈妈可以给她指出来。由于不是当着小朋友的面，没有伤害到孩子的自尊，所以孩子一般都会非常乐意接受。

孩子与父母在一起接待客人，孩子是附属于父母的，只能充当"配角"，不用应酬，也没有压力，因为此刻是父母在唱主角。如果让孩子自

己来,孩子成了主角,一切都得由自己来应酬,能够逼迫她们练胆量,动脑筋,考虑如何应对。总之,让孩子见见世面,让她们既可尝到经过自己努力后的甘甜,也提高了她们的交际能力。

有些父母总认为,交际能力是天生的,无所谓培养不培养。其实,交际作为一种能力,关键在于后天培养,逐步形成,培养的方法主要就是多和人打交道。如果孩子不多与人打交道,怎么能够养成良好的交际能力呢?

还有的父母认为交际会影响孩子的学习。其实父母完全没有必要过于担心、疑神疑鬼。多与人交往有助于促进学习,有助于智力激活。交际是一种思想、观点和感情的碰撞,在频繁的碰撞中,双方往往可以获得启示,获取灵感,得以共同提高。要不古人怎么会有"听君一席话,胜读十年书"的说法呢。

7. 懂得合作的女孩才会赢

每个人在这个世界上都不是孤立存在的,都要和周围的人发生各种各样的关系。你是学生,就要和同学一起学习,一起游戏,共同完成学业;你是公司的员工,就要和同事一起工作,共同完成任务……总之,不论你从事什么职业,也不论你在何时何地,都离不开与别人的合作。

小学的课本上有一则故事:有个外国老太太来中国,她找了几个中国孩子,让他们做一个游戏。她把几个系着细线的小球放进一个瓶子里,瓶口很小。一次只能容纳一个小球通过。

她说:"这是一个火灾现场,每个人只有逃出瓶子才能活下来。"

她让每个孩子拿一根细线,时间开始了,只见几个孩子从小到大,依次把小球取出来了。

老太很惊讶,她在许多国家做过这个实验,但是没有一次成功过,那些孩子无一例外地都是争先恐后地把细线拼命往上拉,导致最后一堆小球堵在瓶口……

这就是合作的力量。那么什么是合作呢?顾名思义,合作就是互相配合,共同把事情做好。世界上有许多事情,只有通过人与人之间的相互合作才能完成。一个人学会了与别人合作,也就获得了打开成功之门的钥匙。所以,人们常说:小合作有小成就,大合作有大成就,不合作就很难有什么成就。

而懂得合作对于孩子来说同样具有重要的意义。对于孩子们来说，合作不仅关乎事情是否能够获得成功，还关系着孩子是否能够健康成长。欧洲著名的心理学家A·阿德勒就认为：假使一个儿童未曾学会合作，他必定会走向孤僻之途，并产生牢固的自卑情绪，严重影响他一生的发展。

可见，孩子学会交往与合作是多么重要。要让孩子们学会合作，家长要善于引导，让孩子从小就懂得合作的重要性。

爸爸给悠悠买了一个新型汽车玩具，邻居家的小哥哥见到了想和她一起玩，一次次地与悠悠商量，悠悠都不肯和小哥哥一块儿玩。无奈之下，小哥哥说："那我不跟你好了。"转身便要回家。这时，悠悠感觉如果不与小哥哥一起玩玩具，一起分享，将失去小伙伴，于是转为恳求的口吻说："我给你还不行吗？"于是两人一起合作玩起小汽车来了。

悠悠的妈妈抓住这一教育时机问悠悠："和哥哥一起玩高兴吗？"

悠悠说："高兴！"

妈妈进一步说："有好东西应该和小朋友一起合作游戏，不然人家以后就不愿意和你玩了。"

你看，悠悠的妈妈多善于引导悠悠的合作精神！在孩子这种交往过程中，如果父母正确引导，孩子就会逐渐学会与人合作。现在，父母们越来越关心子女的智力发育，而忽视对孩子其他方面的培养。尤其是在这个到处充满着激烈竞争的社会中，父母们更关心的是如何让孩子在这个社会中拥有更多与他人竞争的能力，而忽视了培养孩子们的合作精神。

既然学会合作与孩子的成长有这么重要的关系，那么家长怎样才能培养孩子的合作精神呢？

要培养合作精神，最重要的是父母要以身作则。父母无论在工作中，还是在做家务活的时候，要是能够互相协作，互相帮助，就可以在孩子幼小的心灵中种下合作的种子。另外，还可以让孩子帮助父母做一些力所能及的事情，以培养孩子的合作意识。

还有一点，要想让孩子有合作意识，还要让孩子学会分享。有些孩子，尤其是年纪比较小的孩子，对自己的玩具、零食都有一种独占意识，不愿意和别的朋友分享。做父母的就要让孩子学会分享，比如可以诱导孩子和别的孩子一起玩玩具，或者用自己的玩具去换别的小朋友的玩具，在共同的游戏当中以及互换玩具之间，培养孩子的合作意识。

在培养孩子合作意识的时候，家长还要注意，合作并不是顺从、听话。有些家长总认为合作就是要顺从，别人讲什么就是什么，这就误解了合作的本意。

合作是双方的事情，不是仅仅满足一方的需求。真正的合作是共同努力——一种给予与取得的关系，使双方都很满意。在"合作"这个天平上，双方应该是平等的。如果让孩子一味忍让，以此来换取别人的认可，这就不是合作，而是害怕懦弱了。所以，父母一定要认清合作的本质，才能够教好孩子。

第四章 培养女孩子不可缺少的能力

8. 勤劳的女孩更幸福

现在家庭条件越来越好，家长都宠爱自己的孩子，除了学习什么都不让孩子做。所以很多孩子都不爱劳动，尤其是女孩子，总是怕劳动把自己晒黑了，手变粗糙了，就不愿参加劳动。很多女孩都不会洗衣服、不会做饭、不会开煤气开关，自己不整理书包，甚至不背书包，一切家务劳动全然与她们无关。

凡是从小就好吃懒做、不爱劳动的人，长大了多不能吃苦，独立生活和自理的能力很差，就会给工作和生活造成很多麻烦。

魏永康出名是因为他从小就被认为是"神童"，17岁就考上中国科学院高能物理所硕博连读，他更出名是因为他两年后却因为生活自理能力太差而被退学。

在魏永康的生活中，除了学习，还是学习。为了让孩子专心读书，所有的家务事情都由母亲做了，包括给魏永康洗衣服、端饭、洗澡、洗脸，为了不耽误永康吃饭的时候看书，甚至在他读高中的时候，妈妈还亲自给他喂饭。

等到魏永康考上研究生的时候，妈妈不能跟在他身边了，问题一下子就暴露出来了，他无法独立安排自己的学习，甚至大冬天去天安门玩，都不知道换衣服，穿着单衣、趿拉着拖鞋就去天安门逛了一圈。最终，他感到实在无法适应离开妈妈的生活，选择了退学。

你看，一个人如果从小不劳动，长大后连自己的基本生活都无法保障，又何谈多么大的成就呢？

其实，教育学家认为，孩子只有动手才能心灵手巧。在某种程度上，我们可以将"心灵手巧"这个词语转换一下，应该是"手巧心灵"。动手劳动之后，孩子会增加很多能力，如改变丢三落四的毛病，责任心更强了，在帮助别人的同时，自己也会获得成就感。实践也证明，凡是从小就做家务、热爱劳动的人到了成年以后往往特别能干，工作成就大，生活也很美满。

可是很多父母总认为从事体力劳动是低人一等的观念，有些父母在教育孩子的时候，往往都会这样教训孩子："如果不好好学习，长大了没有出息，就让你去扫马路、干清洁工！"这样无形中，就会在孩子心中形成"体力劳动低人一等"的观念，从内心里面轻视劳动。

在这种心态的驱使下，父母每天要求孩子的是学习、钢琴、舞蹈、绘画……甚至不惜以无休止的假期补课来学习，根本不让孩子插手学习以外的事情，他们对孩子的要求就是："只要你好好学习，家里什么事情都不用你干！"在他们看来，只有学习好才是成才的唯一条件。家务活父母全包了，孩子理所当然地认为干活是父母、长辈的事情。也有的父母即使孩子有时间做也不让孩子干，因为他们怕干活的时候孩子累着、伤着、碰着。

要想让孩子养成热爱劳动的习惯，父母就要转变自己的思想观念，要认识到劳动对于孩子成长的重要意义，积极主动地为孩子创造劳动的条件。

有的父母问："劳动既然有这么多好处，怎样才能够让我的孩子参加劳动呢？"

其实要想让孩子多参加劳动，让孩子和自己一起劳动是不错的方法。父母在劳动的时候，让孩子和自己一起干，孩子就不会觉得累，而且父母也可以在一起做的时候，教给孩子一些简单的劳动技能。这样不仅可以培养孩子的劳动兴趣，而且也可以融洽家庭气氛，密切亲子感情，还能够培养孩子的协作精神。很多能力非常强的孩子，无不是经常和父母一起劳

动，这样不仅学到了劳动技能，而且增强了和父母的感情。

父母和孩子一起劳动，还有一个好处。由于孩子自控能力差，加上劳动本身就是一件辛苦的事，因此孩子劳动兴趣容易转移，做事往往不能善始善终。这时父母可以及时提醒孩子，并帮助孩子克服困难，引导孩子有始有终地完成家务劳动。

要让孩子养成劳动的习惯，父母就不能怕麻烦。有些父母不愿让孩子劳动，不愿让孩子刷碗，不愿让孩子倒垃圾，就是因怕孩子把碗打碎或者把衣服弄脏，反而给自己添麻烦。其实，孩子越是这样，越是需要锻炼。父母要大胆放手让孩子去做，可以给孩子以一定的指导，从小的事情做起，从身边做起，从现在做起，慢慢地，孩子就会变得"非常能干"了。

有些父母倒乐意让孩子做些事情，但是，就是不能够容忍孩子做错事情。有的孩子干活时没有经验，总是笨手笨脚的，爸爸让她拖地，她把地板上弄得到处都是水；妈妈让她洗碗，她一不小心就把碗摔碎……父母就心疼得不得了，就不再让孩子做事情。其实，父母在小的时候，劳动的时候就没有出过差错吗？对于孩子的劳动，父母要以鼓励的态度来激励孩子，保护孩子劳动的积极性。

雪雁很懂事，也很勤快。据她自己说，她之所以爱劳动，就是因为妈妈时常鼓励她，所以给了她很大的信心。有一次，她在洗碗的时候，一不小心，将一摞碗摔在了地上，她很害怕妈妈会责备她，胆怯地望着妈妈，不知如何是好。不过出乎雪雁的预料，妈妈并没有责备她，而是笑着安慰她说："没关系的，你能帮妈妈洗碗，妈妈已经很高兴了，打碎几个碗算什么，说明这几个碗和咱们家没有缘分，只要别把你的手划伤就好了，以后小心点儿，千万别把碗再赶出咱们家就是了。"爸爸回来后，看到这一场面，也安慰雪雁说："只要没受伤就好。都知道帮妈妈洗碗了，真是一个懂事的孩子。"爸爸妈妈的宽容和抚慰，使她劳动的愿望更强了。后来，妈妈专门教给她一些劳动的技巧，在妈妈的鼓励和帮助下，雪雁很快就能够帮助妈妈做一些事情了。

孩子毕竟能力有限，做的事情不能够尽善尽美，有时候还会出现好心办坏事的情况，对此，父母一定不能够责备嘲笑，要在表扬的基础上提出改进的意见："今天扫地扫得很干净，就是角落里忘了扫，明天你肯定会把地扫得更干净。"每个孩子都有很强的自尊心，在怀着美好的愿望做事时，经常会"好心办坏事。"如果这个时候出现了失误，孩子心里会感到非常沮丧和内疚，会感到自己很没用。如果父母在这时候不是鼓励孩子，给孩子以信心，反而责备打击孩子，慢慢地，孩子就会对劳动失去兴趣和信心。

有一位老师回忆起小时候的一件事，深有感触："记得小时候，我在扫地的时候，父亲总是嫌我拿扫把的姿势不对，只要我拿起扫把，他就会先批评一番，我拿扫帚的手势不对了，站的姿势不正确了。等他指导到位了，我也对扫地失去了兴趣。直到现在，我都对扫地有一种心理阴影，总是觉得自己的扫地姿势不正确，不会拿扫帚，觉得自己会干不好。"

如果在劳动的时候，父母及时给孩子安慰、鼓励和引导，让孩子不那么紧张，不觉得委屈，不再为一时的失误而感到内疚，就不会打击孩子干活的热情，这样孩子才会成长得更快。所以对孩子劳动，家长应该多鼓励，多支持，孩子的劳动干劲才会足。父母经常用欣赏的眼光去看待孩子，去鼓励孩子，孩子就乐意劳动，会从劳动中得到很多的乐趣。

让孩子参加力所能及的劳动，是孩子健康成长的需要，也是将来走向社会的一种需要。所以，父母一定要为孩子创造劳动的环境，鼓励孩子劳动的积极性。

懂得女孩，教好女孩

第五章
培养女孩独一无二的气质

女孩子是糖、香料和所有美好的东西做成的，比起男孩，她们更善良、更敏感、更温柔、更细心、更有同情心，女孩更关注自己和他人的情感世界。

正因为她们是如此温柔、如此善良，所以也更容易在成长的过程中受到伤害。

1. 让女孩有颗感恩的心

"谁言寸草心，报得三春晖"，"滴水之恩，当涌泉相报"，说的都是感恩。但在现在的孩子对感恩似乎有点陌生，对父母无私的付出，孩子并没有很好地去体会，甚至认为父母对自己的付出是理所当然的，父母的爱是天经地义的。

孩子既不知道为什么要感恩，也不知道如何感恩，这一点值得父母们深思。

马上要春节了，妈妈店里的生意非常忙，一家人的衣服放在洗衣机里都没时间洗了，雯雯的衣服挨个穿了个遍，实在没什么换的了。这天早上起来的时候，雯雯找不到换洗的袜子了，就去妈妈屋里找，把妈妈的袜子穿在了自己脚上，上学去了。

第二天刚好是周末，雯雯看实在没可换的衣服了，而妈妈还是忙得没时间洗，就决定自己洗衣服。雯雯很认真地把自己的衣服从爸爸妈妈的衣服里边挑出来，然后把自己一个人的衣服放在洗衣机里给洗了，而爸爸妈妈的衣服就丢在一边了。

晚上，妈妈累得筋疲力尽地回到了家，就忙着开始做饭了，边做饭边想今天吃过饭，再累也要把衣服给洗出来，明天女儿就要回学校了，估计都没有衣服穿了。可妈妈一回头竟然看到阳台上晾着的衣服，不禁一阵高兴，难不成女儿把衣服都洗了，就问女儿："雯雯，你把衣服都洗了？"正在看电视的雯雯随口"哦"了一声，就继续看她的电视。妈妈心里非常地高兴，感觉女儿知道体贴自己了。

要休息的时候，妈妈去卫生间洗漱，看到洗衣机上依然堆放着自己和老公的衣服，而女儿的衣服一件都没有了，她突然明白自己刚才看到阳台上晾的衣服全都是女儿自己的，原来女儿只洗了自己的衣服。妈妈心里一阵酸楚，自己和老公每天起早贪黑地为这个家忙碌着，而女儿却连件衣服都不愿给他们洗。

虽然现在不讲究严格的"父母呼，行勿缓，父母命，行勿懒"，可是互相帮助，学会感恩却是做人具备的应有的素质。现代的家庭一家只有一个孩子，特别是好多父母都抱着女儿要"富养"的观点，对女儿更是娇惯成性，父母甚至周围的亲人都围着她转，这些都让女孩以为这一切都是应该的，自己就是宇宙的中心。她们只知有自己，不知爱别人。所以，要让她们学会"感恩"，其实就是让她们学会懂得尊重她人，要让孩子知道父母的辛苦。

雯雯的妈妈为了让女儿知道感恩，就利用周末的时候把女儿带到店里去体验一下自己的生活。雯雯和妈妈来到店里的一天，看到妈妈忙得连休息的时间都没有，她深刻地体会到了妈妈的辛苦，知道妈妈赚钱有多么的不易，她为自己的自私而羞愧，她决定以后要多帮妈妈做些事，到周末的时候和妈妈一起来店里帮忙，不再衣来伸手饭来张口的等待着妈妈把什么都做了。

妈妈见女儿懂事了，知道体贴自己了，心里也非常高兴。

父母在培育孩子感恩意识的时候，首先要让孩子明白为什么要学会感恩，并适时地给孩子提供表达孝心的机会。

女孩本性都是善良的，之所以不知道感恩，是因为她们根本没有这样的机会，纵有满腔孝心也无从表现。久而久之，那颗刚刚萌发的孝心便被压抑乃至泯灭了，当孩子想为家里做点事情的时候，父母应该趁机让她们尽尽孝心，让她们体验一下家长平时养他们是多么不容易，千万不要怕她们"吃苦""受累"，要尽可能给她们提供更多参与家庭事务的机会，让她们明白能为家庭作贡献，履行对家庭的职责，就是她们自我价值的体现。孩子只要能做到这一点，就不会缺乏感恩意识，自然懂得报答父母的养育

之恩。

父母是孩子最好的老师，父母的一言一行对孩子影响极大。有的父母溺爱孩子，对自己老一辈却关心不够；有的父母甚至为孩子做了很不好的榜样；孩子的感恩意识，不只从书本上，更从成人的世界耳濡目染去感受效仿，这就是说，必须是用成人社会的"感恩"行为，不断地对她们进行潜移默化的熏陶。因此，要孩子学会感恩，就要解决可供孩子"学"的对象问题，父母就必须做好"感恩"榜样。

电视有一个这样的广告，相信好多人都不陌生：温柔漂亮的妈妈在给孩子洗脚，边洗边讲着"小鸭子游啊游……"的故事，孩子上床后，妈妈又去为老人洗脚。慈祥的老人爱怜地说："你也忙了一天啦……""妈，我不累。"妈妈微笑答道。

当她继续回房照顾孩子时，却发现孩子不见了。这时，只见儿子端着一盆水，步履蹒跚地走过来，对妈妈说："妈妈，洗脚。"

孩子边为妈妈洗脚边用幼稚的声音说："妈妈，我也给你讲小鸭子的故事。"

虽然广告中的孩子的脸庞还略显稚嫩，可他端水时摇晃的身体，眉宇间一抹纯净的爱，让每个观众的心都凝固在水洒出的瞬间。"妈妈，洗脚"这句话更是感动了无数人。这则广告中的妈妈，用自己的实际行动向孩子证明了榜样的力量，孩子最初的行为习惯都是从父母这里学来的，细心的女孩更是善于模仿父母的一举一动。所以，父母要想让孩子有颗感恩的心，自己首先就要有一颗感恩的心。

父母的行为就是一种无声的语言，所谓言教不如身教。日常生活中，父母要时刻创造条件，启发孩子学会用感激、感恩的心态去面对别人的付出，让孩子先从感恩父母开始，比如让孩子知道父母为自己做事后要说谢谢；当父母累了时，要给他们倒水、捶背揉腿等；当父母生病时，要知道为他们分担痛苦，做些力所能及的事。父母要通过这种小的事情、小的情节让孩子熟悉感恩和回报，并最终知道如何表达自己的感恩方式。

2. 让责任感伴随女孩成长

总听一些父母说：现在的孩子一点责任心都没有，父母累得要死，她一点都不知道体谅，在家什么也不做，让她做点什么就跟你讲条件，衣服从来就没有自己洗过，甚至自己的袜子都要让妈妈洗，吃完饭把饭碗一推站起来就走，玩过玩具从来不收拾，被子还要让妈妈叠……平时自己对孩子照顾得无微不至，孩子病了，大人心急火燎地为其四处求医。而当父母自己病了，孩子却连倒上一杯水都想不到，实在令人心寒。为什么现在的许多孩子都缺乏责任感呢？

小雪都9岁多了，每当妈妈让她帮家里做点事，总是不愿意，即使做了也总不能认真做完，不是虎头蛇尾，就是丢三落四的，敷衍了事，尤其外面稍有动静，就会立即放下手中的事去听、去看，回来后就把要做的事忘一边了，妈妈拿她一点办法都没有。

特别让妈妈心寒的是，有一次自己感冒发烧了，没法起来做饭，就想着让小雪去做点饭，可还没有和小雪说，就听到她的小伙伴在楼下叫她。小雪听到有人叫，就走到妈妈卧室对妈妈说："我和小歌约好今天要一起去公园的，我去外面吃点就行了，你不用做饭了。"说完一溜烟地下楼去了，竟然都没问一下病中的妈妈吃什么，是否给妈妈带点饭回来，更不要说在家照顾妈妈了。妈妈为此是非常的伤心，自己平时对小雪无微不至的照顾，而自己病了，女儿连问一声问候都没有就心安理得地和朋友逛公园去了。

但是这能怪孩子吗？本来是他们应该自己做的事情全都由父母给代劳

了，应该自己负的责任全都由父母给承担了，自己什么也不要承担，还负什么责任呀？因此，培养孩子的责任心首先就要求家长放弃对孩子的大包大揽，让孩子自己的事情自己做，去多承担一些责任，比如玩过的玩具要自己收拾好，穿脏了袜子自己去洗，起床后要自己整理床铺，上学起床自己定闹钟，迟到了自己负责，自己应当做的事情必须有始有终。

只有这样，才能让孩子走出以自我为中心，主动承担起自己的责任。

父母可以根据孩子的年龄及能力，培养她们做事的责任心。这些日常小事，对孩子来说，是容易接受和做到的。这样不但增强了孩子的责任心，而且能使她们养成对什么都认真负责的习惯。

小涵五年级时，看到电视里五颜六色的鹦鹉十分可爱，忍不住对妈妈说："妈妈我们养只鹦鹉吧。"妈妈一口回绝："不行，我这么忙，哪有时间养鹦鹉，养鹦鹉很麻烦的。"小涵不甘心："养只鹦鹉吧，小鹦鹉很聪明，我会教它说话。"妈妈坚决地说："你说得倒轻松，你以前养宠物，哪回不是我帮你照顾？买回来之后你从来就没管过，只会搞破坏。"

可小涵真的很喜欢鹦鹉，她想了想对妈妈说："那如果我自己照顾它们，对它们负责，是不是可以……"妈妈认真考虑了一下，点了点头，但是对小涵强调道："买也可以，但你必须自己照顾它。"小涵兴奋地点了点头。

小鹦鹉买来了，小涵非常高兴，她终于有一只自己的鹦鹉了。没多久，笼子中积了不少鸟粪。小涵正想向妈妈求助，可又一转念打消了这个念头。自己说好要对鹦鹉负责的，决定自己清理干净。于是将起袖子，抽出满是鸟粪的盘子，放在水里清洗起来。可正在这个节骨眼上，小鹦鹉又拉了。小涵哭笑不得，只得继续收拾。很快小涵就手臂发麻，被熏得发晕。但是想起对妈妈的承诺，就坚持了下去。

很快，鹦鹉就学会说"你好"了，小涵感到特别高兴。

责任心的培养要通过孩子自身的实践来体验，家长大包大揽是无济于事的。父母要让孩子自己承担自己的责任，孩子付出一定的努力后才会珍惜自己所拥有的，孩子才能懂得父母的不易知道父母的辛苦，才会更有责任心。

3. 坚持把一件事情做好

一件事情能坚持做好，做完整，对于每一个人来说都是不容易的。女孩做事也要有一颗执著的心，而不是遇到困难就依赖别人，就退缩，就放弃。

爸爸妈妈希望女儿假期能轻轻松松的玩玩，有时间多出去看看，有自己支配的时间，充分的放松身心。没想到，今年的暑假，倒成了女儿的最忙碌的一个假期。

女儿突然对小提琴着迷了，从假期开始，女儿就泡在老师的琴房，每天如上学一般早早起床，然后背上小提琴就直奔琴房。中午休息一会，下午继续练。每天晚上，女儿回家时，都是筋疲力尽的样子，妈妈隐约有些心疼。每天早晨，看到熟睡中的女儿，真不忍心叫她。妈妈问过女儿，如果感觉太累就休息一天或者半天，女儿都是摇头。

今天，要和姑姑一家聚会。早晨，妈妈试探着问女儿："姑姑和你表妹上午要来，又是周末，就练半天，请一次假吧。带你们去公园玩。"边说边看着她，满心希望女儿能答应，希望她能休息半天。这么多诱惑，女儿竟然不为所动，没有丝毫犹豫地说："不行！"然后自顾自地收拾起自己的东西，吃完早餐，背着包下楼，到楼梯口的时候，转头对妈妈说："妈妈，让妹妹等等我，我尽量早点回来。"。

女儿学习小提琴整整一个暑假了，都是风雨不误，女儿还会继续为自

己的爱好，执著地坚持下去。爸爸妈妈很是为女儿的执著感动。

女孩相对男孩来说，做任何事情都会更有耐心也更执著，更能坚持到底。但是女孩的执著并不是与生俱来的，也需要父母的鼓励和支持。父母要引导女孩培养执著的精神，让孩子品尝到最后的乐趣和成功的喜悦，女孩做事情就会慢慢地执著起来。

晓霞做事常常是"知难而退"，半途而废。妈妈感觉女儿缺乏一种执著的精神，决定锻炼一下女儿。

暑假里，妈妈发现晓霞总羡慕她一个同学会绣十字绣。妈妈决定给女儿买一套让她回来做。

东西买回来了，是女儿喜欢的牡丹图案，女儿很是喜欢，并下决心要绣完。从绘图到选色，到开始绣，女儿兴致还很高，可一朵花还没有绣完，女儿就不想绣了，感觉那么大一幅不知道要绣到什么时候。

妈妈看女儿的半朵牡丹花放在那里，也没有去说什么，故意把它放在家里最显眼的地方。过了几天，一个客人来了，看到女儿的十字绣就夸赞起来："绣得很不错，等绣完了拿去装裱一下，挂客厅里肯定很漂亮。没想到你女儿手这么巧呀！"

"那是，我家女儿很快就会绣完了。到时候你可记着给她装裱呀。"妈妈不露声色地在客人面前夸奖女儿。女儿听了很是受用。等客人一走，女儿就美滋滋坐下来开始完成她的大作了。

很快，女儿的作品就剩最后一朵花了，这天有同学来找女儿出去玩，可女儿为了把最后一朵花给绣好，就拒绝了，并对妈妈说："今天一定要完成。"果然，在吃晚饭的时候，女儿的大作完成了。看起来可真漂亮，国色天香的牡丹，栩栩如生的蝴蝶。女儿看到自己的作品高兴得不得了，说明天就拿去装裱了挂起来。

现在女儿的十字绣挂在客厅，每一个看到的客人都要夸赞几句。晓霞做事半途而废的毛病也改正了不少。

为了培养女孩做事执著的精神，父母可以有意识地给女孩设置点障碍，为女孩提供一些克服困难的机会。因为执著是坚强意志磨炼出来的，越是在困难的环境中，越能锻炼女孩的执著。这时，父母要鼓励女孩做事不能半途而废。女孩经过努力完成一件事时，父母应当及时给予表扬，强化女孩执著做事的好习惯。

第五章　培养女孩独一无二的气质

4. 自信的女孩最美丽

  自信是一个人很重要的品质，你可以不够聪明，也可以不够漂亮，但一定要自信。自信也是一种美，对女孩子来说尤为重要。就算她不是倾倒众生的美女，可是当她的自信焕发出来的时候，一定会让周围的人刮目相看。这是一份永远不为外人夺取、永远属于她自己的财富，成为女孩最美丽的魅力。

  父母都希望自己的女孩能够成为"金凤凰"，当自己的女孩与自己期望相差较大时，就会恨铁不成钢，为了发泄自己的不满而忽略了孩子的自尊心。在父母的苛责之下，女孩怎么会有自信呢？

  宋亚邻居家的女儿柳柳学的是国标舞。有一天，她在楼下练舞，大家都夸她跳得真好，对她说："你跳得真棒，舞姿真优美呀！"柳柳见到有人夸她，自然跳得更加起劲，以高难度的动作表演给大家看，大家自然会真情地夸上她一两句才离开。

  有一次，柳柳来到宋亚家，宋亚对柳柳说："你真棒，舞跳得好，还懂礼貌！"当宋亚说完这番话时，柳柳却怀疑地望着她说："阿姨，我还真有优点吗？"

  "为什么没有啊？你的优点实实在在地存在着呀！"宋亚拉着她的手认真地说。

  "阿姨，可我爸爸妈妈老说我学习不好，说我笨，说我这不对那不好，我都觉得我是一个没出息的人！"

"可别那么想,你很棒的,瞧,你舞跳得那么好,说不定你以后还会成为一名舞蹈家呢!我女儿都非常羡慕你呢。"

这时候,宋亚的女儿接过话说:"你要是成为第二个杨丽萍,可别忘记我们是邻居哦!"柳柳听完这话,可高兴了。

而宋亚的心里很不是滋味,这么优秀的女孩子,却被爸爸妈妈打击得没有了自信。

女孩的自信与否和父母对她的态度密切相关。父母总是对孩子有很多的要求,如果女孩没有达到父母的要求,父母就会很生气,就会唠叨,甚至动粗,或打或骂。如果父母看孩子总觉得有那么一处不顺眼不如意,孩子在父母的挑剔下就会越来越不自信。自信的嫩芽会被一次又一次地扼杀。自卑,胆怯就会随着自信心的逐渐减弱而滋长。对所有的一切都越来越不自信,总是怀疑自己的能力。

为了让女孩子自信,家长要帮助女孩子解决她们遇到的问题,这样,女孩子会更自信。

杨琴已经上小学四年级了。以前,她的数学很不错,常常得到老师表扬,很是自信。可是到了四年级上半学期,几次数学考试,成绩都很一般,她为此十分沮丧。失去了往日的自信,爸爸很是焦急。于是主动找她聊聊。女儿说,以前她对自己的数学成绩一直很有信心,可不知怎么近日几次数学竞赛,成绩直线下降。女儿百思不得其解,小小的脸上,眉头紧锁。爸爸笑着说,把你近几次的试卷拿过来,我们一道研究研究。女儿把近几次的试卷拿过来给爸爸看,爸爸发现分数下降的主要原因是应用题扣了很多分数,而数学基础成绩还可以。

爸爸再仔细看了应用题,发现女儿审题错误,题意没弄明白。女儿一向是重理不重文的,不太喜欢语文,作文也写得很一般。看来如果要让女儿提高数学成绩,得先从语文着手,特别是作文。于是爸爸给女儿说明了题做错的原因,告诉她偏科影响了她喜爱的数学,如果想把数学考好的话,就要同时把语文学好才行。虽然以前也告诉过女儿偏科的不好,可女

懂得女孩，教好女孩

儿一直重视不起来。这次女儿终于意识到了问题的严重性。

爸爸帮女儿找到了症结，就开始和女儿一起制订学习方案。每天晚上都和女儿一起学习，听女儿读诗歌，读故事，读作文，然后给女儿点评。

有一天，女儿突然如春天的蝴蝶般飞回家，急切地告诉爸爸："爸爸，我数学又考了班里的第一。语文也进步了，考了第三。"爸爸笑着说："那是必然的，你本来就很不错的。"望着女儿满脸的自信，爸爸很是欣慰。

成就感是建立自信心的动力，要建立孩子的自信心，对女孩所做的任何一点努力或克服微小的困难都要及时予以支持和鼓励，并尽可能地让她们尝试成功。

父母要采取信赖、欣赏的态度，只说鼓励话，不说泄气话，更不说抱怨挖苦的话。因为父母的每一声赞许都犹如一束阳光，温暖孩子的心田，每一位孩子，不论其个性品质如何，成绩如何，无一例外地都渴望得到父母的重视、肯定，都渴望照耀到鼓励、赞许的阳光，特别是那些缺乏自信的孩子。

因此，做父母的，在教育孩子时，如果少一些偏见，多一些平常心；少一些歧视，多一些尊重；少一些冷眼，多一些赞许，让孩子享受到温暖的阳光，那么，无论什么样的孩子都会获得心理上的满足，从而产生一种积极向上的原动力。这样，潜能就会被激发，奇迹将会出现。

5. 和男孩一样勇敢

女孩好像天生就胆小，她们会怕黑；她们不敢单独一个人在房间里；怕单独去陌生的地方，甚至会害怕在地上爬来爬去的虫子；她们不敢争取自己的正当利益……于是小女孩受到小男孩的欺负便成了常事。

有一次，妈妈让诗雯去厨房拿水果。诗雯刚一进厨房，就听到有一种"沙沙沙"的声音，是什么动静？诗雯的神经一下子紧张起来，赶紧开灯，定睛一看，啊，是一只老鼠！只见它正在啃一个大苹果，听见有人进来，它立即两只前爪高高抬起，眼睛正滴溜溜地望着诗雯！吓得诗雯"啊"的一声，撒腿就向客厅跑。

"怎么了，丫头？"妈妈慌张地问诗雯。

"一只……一只老鼠！"诗雯大声呼喊，妈妈闻声赶来，顺手抓起扫把高高举起："在哪？在哪？"

可那老鼠早已不见踪影了。"哎，一只老鼠就把你吓成了这个样子，看来就会在爸妈面前耍威风！"

诗雯捂着"砰砰"乱跳的胸口心里说："别说老鼠了，就是一只小小的毛毛虫我也不敢碰呀！"

女孩的胆小，多是父母故意恐吓的结果，当女儿小时候顽皮不听话的时候、当女儿撒娇哭闹时，很多妈妈都会使出"恐吓"的招数———"你再哭，大灰狼会把你吃了的！""你不听话，我走了不要你了！"的确，这

招儿用起来收效还不错，但长此以往，却会使女孩对生活失去安全感，甚至形成胆小怯弱的性格。当孩子长大之后，变得胆小了，父母还以为是孩子天生的性格，而忘了是被自己吓出来的。

除了害怕许多许多动物，女孩的胆小还表现在害怕与人交往上，她们见到陌生人就不敢说话，甚至上课回答问题都会脸红。

诗涵今年10岁了，她特别胆小，在别人面前说句话都脸红。在她四岁的时候，妈妈给她报了个拉丁舞班，一方面想培养一下女儿的气质，一方面也锻炼一下女儿的胆量。妈妈带她去报名的时候，老师要她做一个自我介绍，她就躲，紧张，差点哭出来。后来练习的时候，怎么都不愿意和别的小朋友一起跳。无奈之下，妈妈只好放弃了这个想法。

随着诗涵慢慢地长大，上小学之后，她从来不敢举手回答问题，每次上课都祈祷老师不要叫到自己，每当老师叫到她时，她就紧张地把很熟悉的东西都给忘了，妈妈不知道该怎样帮助她克服胆小的问题，很是苦恼。

对于胆小的女孩，父母要想办法让女孩变得勇敢，要告诉她：躲避不能解决任何问题，对于什么问题都要勇敢面对。

当女儿因为害怕失败而变得胆小时，要不断鼓励女儿，减轻她们的心理压力，并用尽可能积极的态度帮助女儿变得勇敢，让女儿勇敢面对一切。承担属于自己的责任。这样，女孩就会变得勇敢起来。

青青7岁了，妈妈是个中学教师，她从小和妈妈住在学校，每天都面对好多的老师和学生，青青的妈妈总是鼓励她大胆地和别人交往，所以青青很是大方活泼，而且能歌善舞，和学校的每个老师都熟得不得了，还经常给他们表演舞蹈。

有一天，放学的时候，一位阿姨说："青青，听说你在学跳舞，今天又学什么新内容了？给我跳一段好吗？"本以为青青会拒绝的，毕竟满校园都是学生，谁知道，青青听了居然很爽快地说："行，阿姨，我就给你跳一段我今天刚学的吧，你看我跳的好不好。"说完就开始了。

小青青穿着漂亮的裙子像只小蝴蝶一样翩翩起舞,不一会就围过来好多的学生观看,但丝毫没有影响青青的兴致和舞步,一段之后,周围的学生给她鼓起了掌。学生越来越多,有学生没看够,就要求再跳一段,青青大大方方地答应了,给学生们跳了好几段,不断地博得掌声,都夸她跳得好,更有学生说:"这小姑娘真勇敢,我可不敢当着这么多人跳。"

　　对于胆小的孩子,父母不要急着矫正,更切忌埋怨孩子,或者在孩子面前表现出忧心忡忡,这样只会使孩子更加胆怯或认定自己是胆小而丧失信心。大人不要对孩子保护过度,要让孩子独立面对一切,有意识地为孩子创造外出活动与他人交往的机会。特别是由老人带的小孩,更需要从家这个"小世界"里解放出来,让他们接触、认识更广阔的世界。

　　要经常带孩子到各种不同的陌生环境中去,多长见识,在这些活动中向孩子讲解各种孩子能够理解的小常识,明白自然界中的各种现象,用于克服各种恐惧的心理。

　　青青的大方就和自己的生活环境有很大的关系,妈妈经常带她去不同的地方,而她又生活在校园里每天都面对好多认识的和不认识的学生老师,她的眼前就是一个广阔的大家庭,所以一点也不胆怯。

第五章　培养女孩独一无二的气质

6. 引导女孩认识真正的美

女孩是天生爱美的，是美的化身，小小年纪就知道拿着妈妈的化妆品往自己的小脸上涂抹，会穿上妈妈的高跟鞋摇摇摆摆地走路，会因为没有漂亮的衣服而哭鼻子……

把自己打扮得漂漂亮亮的，这无可厚非，既是对自己的尊重，也是对别人的尊重。但是，有些女孩过分追求美，就有点过分了。

贝儿的妈妈最近很烦恼，7岁的女儿近来把爱美的天性发挥到了极致，对自己的形象非常在乎，以前经常是妈妈三催四请的才起床，可现在为了梳小辫竟然不睡懒觉早早地起床，而且要求妈妈给她买更多的头饰，还必须自己来选；平常她会模仿妈妈化妆的样子，抹抹口红，描描眉毛；带妈妈的手链、手镯；不喜欢的衣服坚决不穿，如果穿了她认为不漂亮的衣服就感觉没脸见人。六一儿童节学校表演节目，每个小朋友都化妆了，可贝儿回家后就是不让洗脸，而且没事就缠磨妈妈给自己买衣服。有一次还把妈妈的化妆品给带到了幼儿园。这几天妈妈买了一双漂亮的高跟鞋，每次下班回家，女儿就以最快的速度给妈妈拿拖鞋，等妈妈换下脚上的高跟鞋后，贝儿就穿在自己脚上走来走去的，直到睡觉才脱掉。妈妈问女儿长大后要干什么，贝儿说："当舞蹈演员！"妈妈问她："为什么？"贝儿说："舞蹈演员可以穿很多漂亮的衣服，可以化妆，可以很漂亮。"

妈妈告诉女儿要把心思用在学习上而不是用在爱美上，可贝儿不以为然，反而告诉妈妈她的理由："我把自己打扮得漂漂亮亮的心情就好，这样我学习就好了。"

"为什么?"

"因为心情好的时候我就更努力了呀。"

妈妈哭笑不得!爱美虽说是女孩的天性,可女儿这样的投入爱美,妈妈还真有点担心。

家长们都是愿意孩子漂漂亮亮的,尽量满足孩子的需要。而周围的人也会经常在容貌上夸奖孩子,特别是漂亮的女孩无论走到哪里都会有人夸,有人喜欢,孩子自然很为此高兴,觉得自己漂亮了小朋友就会羡慕自己,也更乐此不疲的追求美了。

孩子追求美并没有错,但是要让孩子知道什么才是真正的美。父母要给女儿正确的指导、鼓励,让女孩成长为真正的美丽女孩,而不单单是指责女儿的爱美行为。要引导女儿做一个心灵美的人,让女孩更多的体验生活,品位美丑,并从身边的事情剖析,让孩子从小就学会欣赏美,懂得真正的美是心灵美。孩子明白了这一点,就不会太在意外表的美,而是注重内在的心灵之美。

佳佳今年初三了,是一个很漂亮的女孩,今年7月份就要中考了,佳佳的成绩很不错,是妈妈的骄傲。可有一件事让妈妈很担心,就是太爱打扮了,每天只要有点时间就是打扮、臭美,不是穿漂亮的衣服,就是化妆,往手上、脖子上戴饰品,每天看女儿这样妈妈很是发愁,因为女儿漂亮,会经常有人夸她,就助长了女儿的爱打扮习惯,可女儿现在这么小,还是个初中生,过分着重这些,妈妈怕会影响女儿的学习,也怕招惹麻烦。如果女儿是个成年人了,妈妈会很高兴女儿着重仪表的,可现在马上就要中考了,女儿还是整日忙于打扮,妈妈不知道该怎么办,就去请教一个朋友。

朋友告诉佳佳妈妈:"你女儿一直成绩都不错,说明她还是懂得把时间用在学习上的,不要管得太严了,那样只会造成负面作用,现在这个年龄段的女孩就是这样,你越说她会越来劲,平时放假的时候多找她去逛街,

然后和她一起打扮，让女儿帮你也打扮得漂亮些，多肯定女儿的审美能力和化妆技巧，之后可以好好地沟通，让她知道，放假的时候可以好好装扮自己，但上学的时候要认真听课，学校不让化妆戴饰品什么的就放在家里，等到放假的时候再戴就可以。用心和孩子交朋友。好好沟通一下，要相信自己的孩子，她们会有分寸的。"

朋友的话让佳佳妈妈豁然开朗，决定按朋友的方法去做。

佳佳见妈妈最近变了，不再唠叨自己爱打扮了，而且没事的时候还让自己给她打扮，还夸自己妆画得好呢，有时还拿着女性的礼仪方面的书来和自己探讨。这让佳佳很意外，也很高兴。看来妈妈不再反对自己打扮了，这不禁让佳佳轻松起来，没事也和妈妈讨论一下怎么打扮会好看，妈妈也随时发表自己的意见。佳佳和妈妈沟通很愉快，感觉有了共同话题，就接受了妈妈的意见。

现在的佳佳每天为了中考而忙碌着，打扮的事也搁置了起来，妈妈看女儿这样，很是放心。她相信女儿会考出自己理想的成绩的，也很庆幸自己在女儿的打扮问题上没有过多的指责。

女孩长大了，爱漂亮、爱打扮这是她成长的标志之一，爱美是很正常的事，只要不超过正常的范围就不要过多干涉，相信女儿会随着年龄的增长，逐渐意识到自己的问题，也会变得更成熟懂事起来，明白"美并不仅仅在于外表，更在于人的内心"。

另外，在生活上尽量发掘女孩其他感兴趣或比较特长的方面，慢慢引导女孩转移注意力，当她又找到一样她喜欢的东西，也不会在外表上过度去注意！就这样渐渐扭转过来，令她发展得更全面。

7. 弱不禁风不是女孩的代名词

女孩在每个人的印象中都是天生娇弱的，女孩也成了弱不禁风的代名词，弱不禁风、一步三喘的林黛玉成了女孩的代言人。

但是，弱不禁风带给女孩的不是幸福和成功，而是健康受损。

一位体育老师曾经感叹说："现在的女孩子身体太弱了。测验800米长跑，30个女生只有3个坚持下来了，到终点之后还要同学扶着，连站都站不稳，其他的孩子就更不用说了，300米的时候就下来了一半，到500米的时候就剩下8个了。而仰卧起坐更是让我目瞪口呆，没要求多，15个就算她们及格，结果最多的一个女生也就做了7个，有的甚至连一个也做不了。"

孩子的身体素质这么差，娇生惯养是一个重要的原因。现在的家庭大多都是独生子女，家长宠着惯着，在家不但不用做任何事情，甚至于饭来张口，衣来伸手，有的连一双自己的袜子都没洗过；出门有车送，回家有车接，除了上学，天天坐在空调房里，何曾在太阳底下站过，何曾在风雨中走过，孩子的身体怎么会健康呢？

春节前，晶晶妈妈从超市买了好多的年货，由于老公不在家，妈妈打电话让女儿到楼下帮着拿东西，把东西从车上拿到电梯口。可谁知道10千克一袋的大米，晶晶竟然试了两下都没有搬动。

"不会吧，妈妈拿这么多东西，还能用手拎一袋米呢。"妈妈开始以为

是晶晶怕累，偷懒，后来发现晶晶是真的没那么大劲，她搬了其他东西，来回几趟后就感觉很吃力，上气不接下气的。妈妈当时真是非常惊讶。这么大个人，怎么真的手无缚鸡之力？

妈妈忘了这样的晶晶是她们造就的，在女儿很小的时候就要求过做家务，可每次还没碰到东西就被妈妈抢过来了，想和朋友出去打羽毛球，还没出门就被妈妈叫回来做作业了，想和同学爬山说太危险了，晶晶每天的生活就是家和学校，根本就没有锻炼身体的机会，怎么会有劲呢？

因为生活方式的改变，在休息和节假日的空闲时间，学生最喜欢做的三件事是：上网、听音乐和看电视。从来不出去运动，身体怎么会不弱呢？

作为女孩的父母，我们要想办法增强女孩的体质，我们不能让弱不禁风成为孩子的代名词。我们的孩子现在被圈在家里、教室，缺少了阳光的锻炼，缺少了风雨的磨砺，更有可能缺少了坚强的意志。

第一，运动是最根本增强体质的方法。对于刚开始的一些体弱的孩子，带她们去进行短时间的散步应该是一种很好的方法。在家里也可以做一些和缓的运动。

第二，在穿着上，很多人会陷入一种误区，觉得孩子身体不好，就应该给她多穿一些。稍微变天就立马给孩子加衣服，而孩子天生好动，容易出汗，即使有时穿的不太多也会出汗。其实，让孩子穿得与天气温度相适宜就行了，不要把孩子捂着。中医育儿格言中曾说到"要使小儿安，三分饥与寒"。"春捂秋冻"也有一定的道理，在春天不要给孩子脱得太快，秋天的时候也不要给孩子加衣服加得过早，当然在周围环境突变的时候，比如，从南方到北方的时候，温差很大，就要及时地给孩子加衣服，等适应后再慢慢地减去。

第三，在饮食上，要注重孩子健康饮食，教育孩子不偏食、不挑食，均衡地吸收各种营养，这对改善孩子的体质有重要的作用，而不要总是给孩子吃这样那样的补品和保健品。

第四，培养孩子乐观的精神。父母要用积极乐观的态度来影响我们的女孩。"快乐的人健康多"嘛。

8. 苗条不能以健康为代价

拥有健康苗条的身材是每个女孩梦寐以求的,在女孩的眼里哪怕没有漂亮的五官,也一定要有苗条的身材,超重是每个女孩都不能接受的。为了让自己苗条起来,有的女孩甚至付出了巨大的代价。

小茹是一名 14 岁的女孩,还在上初中,为了摆脱"胖妹"的称号,不吃饭只吃水果,结果竟然患上了闭经症、神经性厌食症。

小茹体形稍胖,同学们都称她为胖妹,为了让自己变得苗条一点,小茹开始偷偷减肥。为了不被家人察觉,每天吃饭后,小茹趁家人不注意就跑进厕所,用手扣喉咙,将吃下的饭菜全部呕吐出来,然后用水冲走。

在学校,没了家人在旁边,小茹更是每顿饭只吃水果,苹果、梨子等成为她的主食。上学以后,家人察觉到她的身体有些变化,慢慢消瘦,以为是女儿学习压力大,晚上经常熬夜导致,也没多管。

有一次小茹回家后,妈妈熬汤、做好吃的给女儿吃,小茹竟当场全部呕吐了出来。看着女儿面黄肌瘦的样子,妈妈心痛不已,强行将她送进了医院。

经过医生检查,小茹患上了闭经症和神经性厌食症,贫血严重,过度节食减肥引起她月经不调、闭经、神经性厌食症。

现在的社会过分追求苗条,很多正在长身体的女孩也加入了减肥的队伍当中。的确,美丽是重要的,但是健康更重要,如果没有了健康,哪里

懂得女孩，教好女孩

还有美丽呢？

孩子体重只要在正常范围，健健康康的就好，作为父母在日常生活中要多注意孩子的心理变化，特别是对于女孩子，心理承受能力比男孩要脆弱，有的孩子本来已经很瘦了，可小小年纪的也要减肥，也要追求苗条。

芮芮今年8岁，看上去非常瘦，比起同龄的女孩都要瘦上一圈。她明明已经瘦得一阵风都能把她刮走了，却还要嚷着减肥，在家从来都不好好吃饭，想让她多吃一块肉，就嚷着自己又胖了。

有一次爸爸妈妈带她和朋友一起吃饭，一顿饭下来，小丫头就吃了几个小圣女果，怎么劝都不吃。面对满桌美食的诱惑，丝毫不感兴趣。有位阿姨就逗她说："你去我家吧，我天天给你做好吃的。看你瘦的，是不是你妈做饭不好吃呀？我的厨艺比你妈好多了，保证能让你吃的胖胖的。"谁知小丫头说："那可不行，我要减肥，不能吃太多，会胖的，那样就不漂亮了。"

在场的人不禁感叹起来："现在的孩子都怎么了？小小年纪，瘦成这样还要减肥，正长身体的时候这样可不好。"都建议芮芮的妈妈平时多督促女儿吃饭，让孩子健健康康的。芮芮妈妈无奈地说："以前还好好的，就因为前一段时间姑姑来的时候说要减肥，而且早饭就吃个苹果，晚饭也不吃，说要追求苗条，芮芮见了就跟着学，本以为她饿了就放弃了，可谁知竟然坚持了下来，唉……我也没办法。"

芮芮妈妈说，因为女儿总是过度节食，营养严重不足，致使抵抗力下降，那段时间经常感冒，隔三差五地去医院打点滴，医生说这样下去孩子的身体会越来越不好，一定要给她加强营养。

为了让芮芮健康起来，妈妈后来想了很多的办法都不见效。有一次芮芮和妈妈在公园遇到了以前的朋友，芮芮有两年没见到这个阿姨了，看到之后非常吃惊，原来这个阿姨以前特别地漂亮，可现在瘦得像竹竿一样，看着好像老了10多岁似的，脸颊都陷进去了，芮芮在一边听她和妈妈聊天。"唉，都是减肥减的，以前我就很苗条了，体重也很标准，可我老想追求骨感美，就节食，后来因为节食就总是生病，甚至厌食，三天两头地去医院，现在是想吃饭却总是吃不下，身体越来越差。"阿姨说这话的时候满脸的后悔。

和妈妈回家后，芮芮告诉妈妈："我以后也要好好吃饭了，看来太瘦也不好看的，妈妈，今天中午我想吃红烧肉，好长时间我都没吃肉了。"妈妈见女儿终于不再减肥了，就高兴地说："好，妈妈给你做。"在妈妈的调理下，现在的芮芮漂亮的小脸上红扑扑的，也不再总是生病去医院打点滴了。

孩子爱美的心理可以理解，但父母一定要让孩子明白健康的身体才是最重要的，周围的人也不要在无意中给孩子灌输减肥的概念，除非到万不得已该减肥的地步，否则，会给孩子误导，让她认为只有瘦才是美的。

如果孩子已经开始节食减肥了，父母一定要及时地分析孩子减肥的原因并加以阻止，让孩子知道一些所谓的"骨感"美是用健康换取身材的"苗条"，虽然这些人身材是变得苗条了，可是人也变得面黄肌瘦，弱不禁风。

当然，如果女孩是一种病态的肥胖症的话，就要及时带孩子去正规的医院诊治。

9. 不一定要名牌，但一定要有品位

女孩子都爱美，都爱追求时尚，所以对于自己的穿着打扮很在意。于是，有一些女孩子穿衣就一味追求高档，非名牌不穿。在她们眼里，名牌就意味着新时尚，就意味着漂亮。甚至互相攀比，看谁的衣服高档，谁的品牌响亮。

于莉在某私立中学念初一，学习成绩不怎么样，也没有上进心。而她在其他方面却样样都想追求最好的，衣服非名牌就会不屑一顾，不管是否适合自己。尤其在手机方面是非苹果的不要，否则她就会觉得自己没有脸面去学校。

于莉一出校门就把套在外面的校服脱掉，露出里面的名牌衣服。还说她班里的同学大部分都有这种现象。于莉的妈妈说，虽然家里是做生意的，家庭经济状况相当不错，但内心也很是担忧，女儿喜欢追求名牌，可在学习成绩方面总是一塌糊涂。不比学业而比高消费、攀名牌，这样下去怎样得了。

学校教师和家长们常常叹息：现在的孩子真是"派"得不得了，爱名牌，比名牌，这样下去怎么得了？

孩子们之所以喜欢名牌，主要是因为社会风气的影响，网络等媒体天天报道什么什么明星，穿什么什么衣服，让孩子从小就喜欢追求名牌。而家庭环境的潜移默化对孩子也有一定的影响，现在富有的家庭逐渐增多，父母也好多都是非名牌不穿，花钱非常大方。孩子从小在这样的家庭环境里面，学会如何享受与高消费，物质欲望也较为强烈。即使经济条件尚差的，父母也是抱着"再苦不能苦孩子"的心理，自己节衣缩食，甚至负债也要来满足孩子的消费欲望。为此，青少年追逐名牌现象也就成为一种趋势。

没有人不喜欢看赏心悦目的东西，没有人一生不渴望拥有一件自己心爱的东西。但是怎样穿衣才最适合自己，才最有品位，才是父母应该从小教育孩子的。

楚楚的妈妈从来不给孩子买名牌的衣服，不是买不起，而是因为楚楚的妈妈穿衣原则是，只要穿着舒适，色彩搭配恰当就好。

楚楚的一个同学对楚楚说，她的妈妈从来都是只在大商场购物，自己所有的衣服，从内衣到T恤，都是最有名的牌子。

楚楚回到家里向妈妈说起这件事。楚楚的妈妈听了就问女儿："你是不是也想有呀？你羡慕她吗？"

楚楚回答："羡慕啊，她都有，为什么我就不能有呢？"

妈妈说："你觉得你特别需要那些衣服吗？你觉得你现在穿得不好看吗？"

楚楚说："那倒没有。同学们都说我的衣服好可爱，颜色搭配的也很完美，都很羡慕我呢！"

妈妈对楚楚说："这说明穿衣服不是穿名牌呀，而是要穿得漂亮。只要穿得漂亮，不管穿什么衣服都可以的，你说是不是呀？"

楚楚很骄傲地点了点头。

在穿衣上，妈妈没有让楚楚一味地追求名牌，而是从女儿的实际出发进行搭配，让女儿穿出了比名牌更好的风度。

人们穿衣，不是为了一个牌子，而是为了穿得更得体、更漂亮，要的是品位，而不是品牌。如果孩子从小就知道要名牌，就会陷入和别人攀比的陷阱中去，不仅耽误学业，对于孩子正确观念的塑造也没

有帮助。

如果孩子"吵着"、"闹着"要名牌，家长就要注意，这不是孩子的错，而是因为父母从小没有教给他正确的穿衣理念，没有教会孩子应该穿什么、用什么。

还有一点，家长也要给孩子做好榜样。当孩子们向别人显示自己的名牌如何"高档"，多少钱才能买得到时，父母有没有想过，在家中或在朋友面前，自己是否也曾炫耀过自己衣物的品牌，从而强化了孩子追求名牌的心理？所以，家长也不必什么都追求名牌，给孩子做一个好榜样。

10. 让女孩保持一颗善良的心

孩子们的本质都是善良和真诚的，尤其女孩更是善良的化身。如果父母对她们的善良给予支持和赏识，那她们这种善良的行为就会强化；如果父母误解她们的善良，那她们的善良行为便有可能弱化。因此，赏识孩子的善良、肯定她们正确的行为，有利于培养孩子正确的人生观和价值观。

倩倩今年四岁了，在幼儿园和小朋友一起做游戏的时候，忽然，有一位小朋友大声哭了起来，边哭边说："我的钱丢了，我的钱丢了，我妈妈知道要打我的……"

原来这位小朋友的妈妈怕儿子挨饿，每天都给他一元钱，结果他不小心给丢了。倩倩一见小伙伴哭了，就毫不犹豫地从自己的小兜里拿出一元钱，递给那个小伙伴说："给你，我丢钱我妈不打我。"

后来妈妈问倩倩零用钱做什么用了，她把事情的原委一字一句地说给妈妈听。妈妈就问倩倩："人家丢钱怕挨打，你就不怕我打你呀？"

倩倩说："那个小朋友多可怜呀，要是没钱就会挨他妈妈打的！我把钱给他，他就不会挨打了。我知道妈妈会支持我这样做的，不会生气的。"

倩倩妈妈听了孩子的话，心里非常高兴，不是因为女儿给自己带了顶高帽子，而是因为女儿的善良。

善良作为一种美德，对孩子的成长发展具有不可忽视的积极影响。一

懂得女孩，教好女孩

个健康的孩子就好比一棵树，必须以善良为根，正直为干，丰富的情感为蓬勃的枝叶，这样才能结出美丽善良的果子。

能拥有一个善良的孩子，是父母的骄傲。虽然孩子可能为此付出一定代价，或者为此而违背了父母的规定，甚至被别人误解和嘲笑，但是父母首先应该肯定孩子所做的事，对孩子的正义感给予支持。

但是，现在很多父母生怕自己的孩子吃亏，总是不愿意让自己的孩子善良一点，他们认为善良就会吃亏上当。"别人打你，你就打他，打不过就咬"、"咱们宁可赔钱，也不能吃亏"，这些话成为一些父母教育孩子的"经典话语"。成人在生活中往往会给孩子灌输"社会如何尔虞我诈"、"人与人之间如何勾心斗角"等意识。父母的本意是"让孩子学会保护自己，别上当"，这是出于好心，但却让孩子失去了善良。

2008年四川地震，牵动着每一个人的心，特别是善良的孩子们，在为地震灾区捐款的时候，更是拿出了自己的全部积蓄。作为孩子的父母都大力支持，但是也有一些不和谐的声音……

花蕊是一个小学三年级的女孩，当老师说要捐款的时候，她回家把自己存的钱全部拿了出来，46元。当她回到学校双手递给老师的时候，老师表扬了她的善良和爱心。可话音还没落，就见花蕊的妈妈追到了教室，对老师说："你看这孩子，也没和我说一声就拿这么多钱来捐款，小孩子嘛，既然是学校要求捐款，多少表示一下就行了，哪用得着捐这么多呀！"最后，花蕊的妈妈留下了一元钱作为女儿的捐款，把其余的钱都给要回去，而且还数落女儿是个傻瓜，不开窍，决定以后控制女儿的零花钱……

如果都像花蕊的妈妈一样，孩子还怎么有一颗善良的心呢？父母们不愿意让孩子"善良"，是怕孩子们吃亏上当。实际上，没有善良之心的孩子更不可能很好地保护自己。以己度人，你对人家处处设防，人家怎么可能对你坦诚相见呢？

善良的情感及修养是人道精神的核心，善良是包含很深内涵的概念，不仅表现在孩子的行为举止、待人处世上，对孩子的内心、观念也有严格要求，包括了丰富的爱心、由衷的同情心、坦率的宽容心以及坚定的抗恶决心。

善良必须在童年时细心培养，否则难有效果。作为父母，怎样才能使孩子成长为一个充满善心和爱心的人呢？

最重要的一点，就是父母要以身作则，给孩子树立一个善良的榜样，当孩子受到外界污染时及时引导。如果父母都能以自己的善良感染和陶冶孩子，在孩子心中撒播善良的种子，那么孩子就能成长为一个健康、善良和正直的人。有的父母认为，言传身教固然重要，但大人面对的环境及问题毕竟比孩子所接触的复杂，很难在孩子面前时刻示范绝对的"善良标准"。其实这些父母大可不必担心，孩子自然会在成长中逐渐熟悉社会规则及人情世故。一味地为孩子的心灵竖起壁垒，将孩子的体验与真情隔绝，使她体会不到助人为乐的快乐和成就感，感受不到无私奉献的愉悦感，反而对孩子的成长不利，在生活中，善良毕竟是主流。所以父母要帮助孩子辨明是非，坚定地站在善良与正义的一方，为孩子做出好的榜样。

要想孩子善良，做父母的还要留意孩子的成长环境和伙伴间的相互影响。除了父母，孩子的周围环境和伙伴对他的影响力是很大的，当孩子认识第一位邻居，结识幼儿园里的第一位小朋友，就已经开始接受他们的影响。当孩子独立面对社会，以自身并不成熟的心灵开始解读世界时，很容易产生"趋众心理"，被身边的人和事所影响，而不会也没有能力去区分好坏善恶。这时，父母便要担当起为孩子指路的重任，要留意孩子的细微变化，熟悉她的生活圈子，了解孩子的习惯及喜好。当不良的风气、伙伴或意识出现时，父母就要及时对孩子进行教育，做好孩子合格的"监护者"。

要想孩子有一颗善良的心，父母还要为孩子营造表达善意的机会，赏识孩子的善良举动。善良是用行动表达出来的，父母可以从身边的小事来让孩子感受善良。例如，当妈妈下班时，主动端来热茶，表示爱心；替妈妈分担一些家务；当看到大孩子欺负小弟弟小妹妹时，上前劝说制止……

时间长了，孩子就会从善良的举动中体会到幸福感觉。当孩子做了体现善良的事情时，父母要适时夸奖，赏识孩子的善良举动，真诚的鼓励能让孩子体会到满足感及成就感，明白善良是好孩子的必备品德。

此外，父母还要注意让孩子接触宣扬真善美的动画片及书籍，远离那些宣扬暴力的动画片和书籍。父母要为孩子把好关，细心筛选适合孩子健康成长的卡通及书籍，以免孩子受到不良思想的影响。

理解、支持并赏识孩子的善良，让孩子在父母的赏识声中树立正确的价值观，从而真诚地对待每一个人，同时这也将换回每一个人对孩子本人的真诚相待。

11. 给女孩一颗宽容的心

孩子的宽容心是一种非常珍贵的品质，这种品质对于孩子个性的健康发展，尤其是情感的健康发展，以及对于孩子良好人际关系的建立有着非常重要的意义。对于生活中的小事，只有用宽容的态度去对待，才能够得到更多的朋友，获得更大的成就。

小月是她们班的班长，威望非常高，深得同学们的信任和爱戴。而这一切，除了小月的工作能力出色外，还在于她对同学们非常宽容。有时候个别同学对她有意见，她总是虚心接受，从不认为这是故意找自己的茬儿；同学们有了困难，她也总是尽力地帮助，从来不觉得自己吃亏。

有一次，学校公布了各班的纪律分数，最高的班级是9.8分，而小月的班得了9.6分，排在第二位。当这个分数一公布，全班同学都把目光投向了一位同学，因为就是他没认真做课间操，被扣了分。就因为一点失误，眼睁睁地看着那面"优秀班级"的红旗被摘走了。

于是，有同学就冷言冷语地责备这位同学。这位同学大概也感到惭愧，把头深深地埋在怀里，不敢看老师和同学们一眼。

这时候，一向宽容大度的小月站了起来，对大家说："其实他比以前已经进步很多了！我们应该多看到他的优点。"她还举出了很多这位同学进步的例子来证明，并鼓励这位同学继续进步。

正是小月对同学们的宽容，才赢得了同学们的尊重和信任。

懂得女孩，教好女孩

美国著名的文学家爱默生说过："宽容不仅是一种雅量、文明、胸怀，更是一种人生的境界。宽容了别人就等于宽容了自己，宽容的同时，也创造了生命的美丽。"

拥有宽容心的孩子往往心地善良，性情温和，惹人喜爱；而缺乏宽容心的孩子往往性情怪诞，易走极端，不易与人相处。

宁宁是一个二年级的女生。有一次体育课上，同学们正在玩游戏，忽然，亮亮不小心踩到了宁宁的脚上。看到自己雪白的运动鞋上印上了一个大大的黑脚印，宁宁非常生气，她冲到亮亮的跟前，狠狠地朝亮亮的脚上踩了一脚。

当老师批评宁宁为什么要这样做时，宁宁却理直气壮地告诉老师："我妈妈说了，不能受别人的欺负，别人打我，我就要打别人。亮亮踩了我，我当然也要踩他。"

现在好多的孩子不愿宽容别人，这很大程度上和父母的教育是分不开的。如果都像宁宁的妈妈一样来教育孩子，孩子又怎么会有一颗宽容的心呢？

其实孩子在与人相处中，磕磕碰碰是在所难免的。作为父母，一方面要注意孩子的安全，另一方面也不必大惊小怪，尽量以轻松的态度应对，这不仅能够给孩子很大的安慰，同时也让孩子学会了"善待他人"。

一天，在一个幼儿园的活动现场，一位满脸歉意的老师，在安慰一个小女孩。原来这位老师一时疏忽，在室外活动结束的时候，把这位小女孩忘在了室外。等妈妈来接她的时候，这个女孩子正在委屈地哭泣。

孩子的妈妈看到哭得非常伤心的女儿，她并没有责备幼儿园的老师，而是蹲下来，耐心地抚慰自己的孩子，不停地对孩子说："哦，宝贝，已经没事了，那位姐姐因为把你忘在外边，已经非常难过了，姐姐不是故意的。"

在妈妈的抚慰下，小女孩慢慢地停止了哭泣，这时妈妈又对她说：

"那个姐姐还在因为把你留在外面难过呢,现在你去亲亲那个姐姐的脸颊,安慰她一下吧。"

小女孩听了妈妈的话,停止了哭泣,走到老师的跟前,踮起脚尖,亲了亲幼儿园老师的脸颊,并且轻轻地告诉她说:"姐姐,我已经没事了。"

有这样宽容的妈妈,这位小姑娘怎么会没有宽容的心,怎么会不宽容地对待他人呢?

父母经常这样引导孩子,并且自己也每天都友好地对待孩子,无论大事小事都理解孩子,孩子就能学会理解他人,学会温和地化解矛盾。尤其是学会了"让步",以后和别人有冲突的时候就会宽容对待。在孩子幼小的心灵里,一件非常小的事情都可能对她的成长产生深刻的影响。所以说,孩子的教育无小事,再小的事也是大事,都有可能对孩子的一生产生深刻的影响。

有些父母在知道自己的孩子和别的孩子打架以后,不管怎么回事,第一反应就是"这还得了,找他们父母去",或者就干脆告诉孩子,"他打你,你也打他,他打你一拳,你要还他两拳,绝对不能吃亏!"有的甚至全家一齐出动,给孩子壮胆,结果造成很坏的影响。殊不知,更坏的影响则留在了孩子的心中。

这样做的后果,会使孩子养成"报复"心理,不管是谁,只要"触犯"了我,都要给予回击,"以牙还牙",决不手软。这样的孩子又如何和别人相处呢?

孩子的宽容之心最主要的来源就是父母。孩子最初是从父母那里学习待人接物的方式的。父母宽容、大度、遇事不斤斤计较,与邻里、同事之间融洽相处,孩子就会学着父母的样子处理同学之间的关系,也会变得宽容、好善、乐于与人相处。

父母要教会孩子从别人的角度来看问题,思考对方何以会如此行事、如此说话。如果真的能够做到这一点的话,就能够理解对方,就能够减少很多不必要的矛盾。如果能够设身处地地多为对方设想,生活中的许多矛盾就都容易化解了。

懂得女孩，教好女孩

父母还要教会孩子理解别人。每个人都有自己的缺点和不足，和同学相交，和朋友相处，完全没有必要求全责备。对于朋友的缺点和不足，也没有必要事事计较，事事都要追求公平合理。多原谅一次人，多给人一次宽容和理解，同时也就为自己多找了一份好心境，也会使自己觉得在个性完善的道路上又向前迈进了一步。

当然，宽容不是怕人，不是懦弱，不是盲从，不是人云亦云，这一点必须向孩子讲清楚。必须让孩子知道宽容是明辨是非之后对同学、朋友的退让，而不是对坏人坏事的妥协，对坏人和得寸进尺的人是没有必要宽容的。

有些父母总担心自己的孩子如果处处宽容别人，就会没有竞争心态，无法在社会上立足。其实，父母不必这样担心，因为孩子在这样的宽容教育中会懂得什么时候该宽容，什么时候除了宽容还要平等竞争。

第六章
用正确的方法对待女孩

不管是什么教育方法,都有一个最根本的原则,就是都要让女孩能够接受,能够理解。这就要懂得女孩子的心,深入到女孩子的内心深处,知道她们想要什么,知道怎么做她们才愿意接受,知道怎么说她们才愿意听,这样才能够让女孩健康成长。

1. 平等对待孩子

有的父母总是抱怨自己的女儿脾气不好,非常任性,不让她做的事情偏要做,要不就哭啊、闹啊……

这样的孩子的确让父母头疼。但是,父母也要静下心来想一想,真的全都是女孩的错吗?

人与人之间经常需要思想上、感情上的平等交流,每一个成长中的女孩,即使是刚刚学步的女孩,也都有这种渴求。要做到平等地对待女孩,父母首先就要抛弃那种居高临下与女孩谈话的姿态,蹲下身子,以平等的态度对待女孩。

微微是一个还不到2周岁的女孩,前一段,由于天气变冷,没有及时添加衣服,微微感冒了,妈妈带着微微去医院看病回来,带回了一包感冒药。

妈妈刚开始给微微喂药,微微怎么都不肯吃,捂住嘴在屋里跑着躲妈妈。妈妈没有办法,就决定用强制的手段让微微吃药,让爸爸把微微使劲抱着,按住她的手,用手捏着微微的鼻子,强行给微微往嘴里灌药。微微怕极了,惊恐地看着爸爸妈妈,痛苦地使劲挣扎着,把灌进去的药反复吐出来。爸爸妈妈看到女儿的样子,很是心疼。只得暂时放弃,另想办法。

妈妈抱着女儿,安慰着受惊的女儿,对她说:"微微,妈妈知道药的味道很不好,妈妈也不喜欢这样的味道,更不想让微微吃药,可是,微微病了是不是感觉很难受呀?"微微点点头,妈妈继续说:"是呀,微微很难受,不过如果微微把药吃了,很快就好了,就不难受了,你好好配合吃药,好吗?微微是很棒的!"说完亲了亲女儿的小脸蛋。见微微没有抗议,就让爸爸把水和药拿过来,妈妈把药放到勺子里,送到微微的嘴边,微微犹豫了一下,张开了嘴,妈妈赶紧把药给喂进去。虽然难喝,可这次微微没有把药吐出来,而是皱着眉头把药咽下了。妈妈赶紧给微微喂水,并说:"微微好坚强!"就这样,在以后的几次喂药中,微微都是主动配合妈妈喝药,很快感冒就好了。妈妈很感动女儿的理解。

又有一次,微微的眼睛得了结膜炎,眼睛红肿红肿的,妈妈从医院给微微开了一支眼药水,刚开始的时候微微也是不配合,拼命挣开妈妈的手,不让妈妈给自己点眼药。妈妈又给微微讲了为什么要滴眼药,并告诉微微滴眼药时会有什么样的感觉,微微听妈妈这样一说,就放轻松多了,感觉滴眼药并不可怕,就躺着一动也不动,坚持让妈妈给自己点完了眼药。

微微妈妈做得很好,她把微微当作一个和自己平等的人来对待,所以微微就很理解妈妈做的一切,就很愿意配合妈妈来服药用药了。

我们用平等的态度,用希望了解、希望倾听的态度与女孩谈话,女孩就会感觉到父母对自己的尊重,父母的意见或要求,孩子就容易接受。因为女孩再小也会理解父母的。

很多父母都有这样的想法,认为纡尊降贵会降低自己在女儿心目中的威信,害怕以后女儿会不服从管教。然而,事实恰好相反,在那些没有得到平等对待的孩子眼中,没有父母的威信,却有恐惧或仇恨。长期面对父母的"家长式"权威,她们很可能形成怯懦的性格,造就冰冷的内心。这样的结果显然不是父母想要的。

静静8岁了,一向是个乖巧的女孩,多才多艺,不但钢琴弹得好,而且画画和跳舞都很不错。有一次,静静的家里来了客人,还带了一个和自己差不多大的孩子,静静想和小朋友玩,但被妈妈赶回屋里练琴,静静是一脸的不高兴,边向屋里走边嘟囔着:"你们在这里聊天,干吗让我自己

去弹琴,真是不公平。"

屋里传出静静优美的琴声,客人不禁夸赞道:"你家女儿真棒,小小年纪就弹这么好了。"

"这不算什么,她的拉丁舞跳得才棒呢,老师说她很有潜力,下周就要去市里参加比赛了。"静静妈妈高兴地说着,为了炫耀一下自己的女儿,就冲着静静的房间喊:"丫头,先停下,给阿姨跳个舞。"

琴声停了一下,但很快就又响起来了,女儿没有出来,继续弹她的琴。

静静妈妈又喊了几声,但女儿连应一声都没有。妈妈见女儿这么不给自己面子,就气冲冲地进屋把女儿给拉出来:"叫你几声了?没听到吗?给阿姨跳个舞!"妈妈大声地训斥着。

静静的脸上写满了委屈,眼泪都要掉下来了,低着头站那不动。

客人赶忙说:"静静不愿跳就不要难为她了,有时间再看吧。"

静静妈妈这才对女儿说:"回屋吧,真是的。"

谁知女儿站在那里一动不动的,妈妈更生气了:"不是说让你回屋了吗?杵在那里干吗?"

静静突然放声大哭起来:"我就是不想跳,也不要参加什么比赛,我也不想学跳舞,学弹琴,要学你去学。别老是对我吼来吼去的。你对我一点都不公平,你不会的东西干吗总是要求我,你和朋友聊天,为什么要我坐屋里弹琴,你说要出来跳舞我就要出来跳舞,什么时候征求过我的意见,问过我心里是怎么想的?我不是你的木偶。"说完静静哭着跑回屋里,使劲关上了门。

妈妈从没见女儿发过这么大脾气,不禁愣在那里,一句话都说不出来。她不知道一向乖巧的女儿怎么会说出这样的话,她突然感觉自己一点都不了解女儿的内心世界。

女孩感觉不到父母对自己的尊重,就会进行反抗。父母要想逾越与女孩之间的鸿沟,就必须放下架子去和女孩交朋友,去了解透视女孩的内心世界,父母不妨遵循"父母+朋友+老师"这样的思维方式来试试,如果女孩能把你当成知己和一面镜子了，你们的关系就会更加融洽。女孩对一个谦逊忠厚的朋友，是不会隐瞒自己的，因为教育本来就意味着伴随和支持。

当我们像面对知心朋友一样，向女孩请教一个问题，与女孩商量决定一件事时，可以想象她一定非常兴奋。因为她感到自己存在的重要，她尝到了平等相处的快乐。把女孩当作平等的伙伴、交心的朋友，可以产生意想不到的效果。

父母更应是女孩的朋友。现在的女孩大多是独生女，在很多方面她们是孤独的，缺少朋友的关心，这就要求父母担当朋友的角色，分享她们的喜怒哀乐。女孩进步的时候，与她们一起分享成功的喜悦；女孩不开心的时候，真心聆听她们的烦恼。当然，父母有的烦恼也可以拿出来与女孩一起商量，让女孩为父母排忧解难。

只要父母放下架子，做平等对待女孩的父母，成为女孩的良师益友，就一定会走进女孩的心灵，成为孩子真正的朋友。

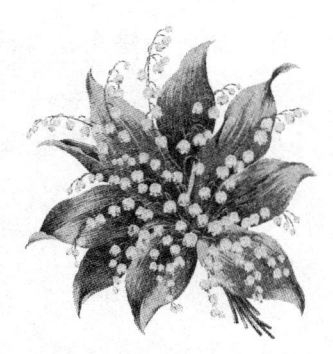

2. 永远用温和的态度对待女孩

对教育女孩来说，比学识更难培养的是一个好性情。要给女孩一个好性情，首先父母就要有一个好性情，要永远用温和的态度对待女孩。

一个女孩的社会交往、人际交往、自主、独立等能力，是在童年时代奠定下的基础。父母对待女孩的态度，对于女孩形成这些能力有着巨大的影响。

父母对女孩的态度不同，就会造就女孩行为上的不同。只有在父母温和的态度下，在父母的鼓励和帮助下，女孩在社会能力方面才能建立起较好的自我评价和自我意向，建立起自信心，为一生奠定良好的基础。

事实证明，即使对于幼小的孩子，如果用温和的态度对待他们，也会收到很好的效果。

梦兰是一个刚刚两岁的小女孩，样子非常乖巧可爱。梦兰有一个最大的喜好，就是爱玩水，见到水就会伸手抓一把，就连饮水机里的水都要玩。爸爸怕饮水机里的热水烫着她，所以把饮水机放在厨房的高台子上面。不过这样一来，由于放得太高了，换水特别不方便，姥姥就把它又拿下来，梦兰发现了就去喝水，一开始不让她玩，强行把她抱走，可是小梦兰的脾气还真拗，哭着喊着非要玩水，谁说都不听，给什么都不要，连平时最爱的芭比娃娃都不玩了，就是要玩水。爸爸和姥姥都没有办法，就差下手揍了。

梦兰的妈妈决定换一种方法试一试。她温和地对梦兰说:"兰儿最乖了,妈妈知道你非常想玩水,但是饮水机里的水太热,会烫着你的,如果烫着你,就会很疼的。所以,不能玩的。"

妈妈温柔的话语,似乎产生了效果。梦兰不哭了,只是从饮水机上接了一杯水,玩了起来,接了第二杯水的时候,梦兰就把杯子放在饮水机下面的柜子里,自己就去玩了,玩累了口渴的时候就来喝一下水,也就没有再玩水了。

连两岁的女孩都会对妈妈温和的态度有感觉,何况大一些的孩子呢?所以,对父母而言,应该始终温柔地对待你的女孩!但是,做到这个,真的很难。要做到始终不对孩子发脾气,不是那么容易。

孩子,她是个活生生的小人儿,不是泥塑木偶,不是你想怎么捏就怎么捏的彩泥。她会哭,她会闹,她会不听话,她也会顶你的话……

她会把房间弄得乱七八糟,她会任你说破嘴,就是要光脚;她会磨洋工,不到最后都不肯把作业做完;她会缠着你……

那么父母应该怎么办呢?父母要从以下几方面做起:

第一,控制好自己的情绪

有些父母往往一见到女孩犯错误,就控制不住自己的情绪,打断甚至不听孩子的解释,对孩子采取训斥或者粗暴的打骂。父母图一时之快,可对孩子的心灵造成很大的创伤,会使孩子对父母树立起很强的戒备心,不愿再与父母交流。当孩子犯了错误或者做出一些令父母难以接受的行为时,父母一定要控制好自己的情绪,用温和的、理智的态度和孩子沟通,孩子就会接受父母的态度。

第二,学会"冷处理"

父母一见孩子犯了错误,往往一着急就会拳脚相加,往往会使事情变得更糟,孩子变得更加逆反。因此要学会"冷处理",所谓的"冷处理"就是自己着急、上火、生气时不要教育孩子,自己先消消气,等心情平静下来了再教育孩子。当孩子也正在生气的时候,也不是进行教育的好时机,应该等孩子平静下来再用温和的态度进行教育。这样才能防止粗暴的

教育,才能冷静地,客观地处理孩子的各种问题。

第三,父母要注意自己的态度

情绪是会传染的,父母要注意自己日常生活中的情绪对孩子的影响。不要在孩子面前表现出消极的情绪,那样会使孩子处在一种不和谐的家庭环境中,受到父母消极情绪影响而导致情绪上也发生变化。

父母务必记住,只有用温和的态度对待孩子,孩子才能更健康茁壮地成长。

3. 不要拿女孩和他人随便比较

很多父母都是望女成凤，对女儿期望值很高。一旦孩子哪一点让自己不太满意，就会拿孩子跟别人的比较。"你看人家楼上的，画画多好，学习成绩也优秀"；"你看人家苗苗不仅学习好，还很懂事，大大方方的，对谁都有礼貌"；"你看人家思雨钢琴达到7级了，你什么时候才能像别人一样呀"。这些话就成了一些父母对女儿不满的口头禅。

妞妞和田丽是一对非常要好的朋友，都上初二，两人经常在一起玩。学校刚一放假，妞妞就到田丽家玩。田丽的妈妈和妞妞谈论起了考试成绩，妞妞骄傲地告诉田丽妈妈，自己的各科成绩都是90分以上。"你真棒，学习成绩真好。咦，我还没有看见田丽的成绩呢，丽丽，来一下。"其实田丽早已经听到了妞妞和妈妈的对话，磨磨蹭蹭不愿出来。听到妈妈叫她，只得极不情愿地走过来。"田丽，这次考试成绩单呢？考得怎么样？"

"在我房间里。"田丽小声回答。

妈妈催促着田丽去拿成绩单："去把成绩单拿来，我要看一看。"

田丽不想让妈妈看，就说："等一会好吗？我衣服扣子掉了，我找一下。"

"你现在就给我拿来，是不是考得不好，不敢让我看呀？"妈妈坚持要田丽把成绩单给拿过来看。

成绩单拿来了，结果田丽的成绩只有一科考了91分。其余的都是80多分，数学甚至只考了78分。看到田丽的成绩单，妈妈的脸色立马就晴转阴了，非常生气，顾不得当时妞妞在场就大声训斥起来："你真让我感到

懂得女孩，教好女孩

失望，你的成绩为什么总是这么糟？你看看人家妞妞，成绩总是那么好，你为什么就不向妞妞学习，你的成绩为什么不能像妞妞一样好，你们的学习环境也都差不多，你就是不认真，总是注意力不集中，不专心听讲，回房间去好好想一想，好好给我检讨一下自己。"

虽然已经不是第一次在妞妞面前受训了，田丽还是感到下不了台，噙着眼泪回到房间。田丽甚至有点怨恨妞妞：就是因为她的成绩好才让自己在妈妈跟前挨训的。

从此，田丽就觉得自己像一只丑小鸭，情绪总是不高，不愿意学习，成绩更是大幅度地下滑，老师怎么教育，妈妈怎么训斥也不起作用，就是对学习没了兴趣。

如果从女孩的角度去想一下，你能理解女孩遭到这种数落时的心情吗？当女孩被这样骂的时候，她无力反驳和辩解，因为父母说的毕竟都是事实。女孩脆弱敏感的心灵真的好受伤，本来成绩没考好，已经很沮丧了，对自己丧失了信心，本想着从父母这里得到些鼓励，让自己重拾自信，可父母的一番数落，让女孩的心冷到了极点，对自己更是失望。当女孩被父母比较时，被比下去的孩子就会不自觉地把自己排除在这个家庭之外，认为自己是"多余的"，是"没用的"，什么也比不上别的孩子。

有一个孩子就这样说过："……我经常都不知道自己在想什么，也不知道自己想要什么？好像从记事起，我的爸爸妈妈就不断地拿别人和我比，尤其在每次开完家长会后。他们既然认为别人好，就让别人做他们的孩子好了。再说我不是不想学好，我也在努力，可为什么我的努力他们都看不到呢？我甚至都不想再待在家里了，我讨厌任何人。为什么他们都不能了解我呢……"

孩子一旦产生了这样的想法，自卑感会越来越重，会越来越没有斗志和热情。也许她本来可以成为一个很有出息的孩子，但是因为这种自卑，长大后可能自暴自弃，一无所成。我们说，父母一句话，影响孩子的一生，并不是危言耸听啊。

奥数老师进行了一次测验，艺菡得了92分，是全班最高分，还得到了老师的表扬。回到家里，艺菡很兴奋地把这件事告诉了妈妈，以为会得到妈妈的表扬，可妈妈却板着脸说："你才得了92分就高兴成这样子，隔壁李阿姨的儿子每次奥数都拿100分，那才叫了不起呢，所以说，你的这点成绩没什么值得骄傲的，得到100分才能证明你真的有实力。"

艺菡听了很难过，以后无论考多少分，她也不告诉妈妈了。而且学习的积极性也不高，再也没有得过第一。

印度思想大师奥修说：玫瑰就是玫瑰，莲花就是莲花，只要去看，不要比较。所以作为家长也必须明白一个事实：孩子天生就有差别。我们可以拿孩子的今天和昨天比，拿孩子的成功和失败比，就是不能拿自己孩子的短处和别人孩子的长处比。那样只会给孩子造成一种不健康的心理。

为什么非要把孩子比来比去呢？孩子犯了错，父母适当的批评可以，但是千万不要把一个孩子作为衡量另一个孩子的标准。人与人是不一样的，会存在性格、能力、天赋等许多方面的差异。孩子可能在一个方面比不上人家，但是在另一个方面可能会强于别人。

你拿女孩去和别的孩子比，其实就是告诉女孩，你没有别人出色，你很差劲，进而发展到女孩认为自己真的不行了，使女孩产生挫败感。这样，孩子在成长中遇到困难就会恐慌、退缩，对女孩的心理造成伤害。

所以，父母一定要尊重自己的女孩，要相信自己的女孩永远是最好的，要用欣赏的眼光去看待自己的女孩。

其实，只要你用心去爱你的女孩，你会发现，她就是独一无二的，她总有某个方面就是世界上最棒的！

所以，在父母对女孩不满意的时候，不妨冷静下来，即使孩子现在还不能让你满意，也不要过于心急，多想想孩子的好处，调整好你的心情，少责骂批评孩子，多给予她们赏识与鼓励，她们就会有信心取得成功，最终会让你为她骄傲。

4. 不要将"听话"当标准

对于孩子，特别是对于女孩子，父母的要求最多的恐怕就是"听话"两个字了。"听话"与否，几乎成了是否是好女孩的标准。在父母心目中，听话的女孩子才是好女孩，不听话的孩子就不是好女孩。

不可否认，听话的"乖乖女"乖巧、安静，深受家长和老师的喜爱。她们不会给父母和老师添太多麻烦。"听话"的女孩一般不喜欢提问题，更不爱与其他人争论。

任何一个女孩，其实心里的想法都是很多的，而且很多想法都是很有创意的。如果家长一味强调"听话"，很多女孩的话就不敢说出口，女孩就容易盲目服从，逐渐失去独立性，对问题缺少个人见解，不敢和别人抗争……随着孩子慢慢长大，这种女孩成为"问题儿童"的可能性比一般儿童要大得多。

刘先生一家人去超市购物，见到一个八九岁的女孩子站在烈日下，被晒得满头大汗。

等刘先生一家人从超市里出来，发现那个女孩还在原地站着，天那么热，可这个女孩子被晒得满头大汗，站在那里却一下也没有动。这不由引起了刘先生的好奇。他问女孩天这么热为什么站在那里不动。

女孩说："妈妈说了，让我站在原地不要乱动，妈妈很快就会回来的。"

刘先生又问："你不会到阴凉的地方等她吗？"

女孩摇了摇头，又说了一句："妈妈不让我动，妈妈说了，她很快就会回来的。"

在回家的路上，刘先生的爱人对女儿说："瞧瞧这个女孩多听话，父母叫她怎么着，她就怎么着，哪像你啊！一句话都不听。"

刘先生听了爱人的话有点儿生气了。他说："这算什么听话啊，这简直是虐待孩子！难道你没有发现那女孩热得满头大汗？这样的女孩，是我们想要的孩子吗？"

许多事实都证明，对父母的话言听计从的乖乖女习惯于循规蹈矩，对父母非常依赖，遇事不知变通，头脑相对死板；而不爱听话的孩子相比则更有创造力，头脑更有想法。所以说，女孩太听话并非是一件好事，而女孩调皮一点，也绝非坏事。其实，调皮不光是男孩的天性，同样也是女孩的天性，也是女孩创造力的体现，只要调皮有度，父母最好不要限制太多。如果什么都看着大人的眼色行事，女孩就会变得没有主见，将来很难有出息。

李璇的妈妈年轻的时候，由于一心忙于工作，结婚比较晚，直到三十多岁才有了这么一个宝贝女儿，所以娇惯得不得了，平时对李璇照顾得无微不至，生怕委屈了孩子：每天早上要叫孩子起床，孩子上学的用品早早收拾好；费尽心思给女儿找了一个重点中学，李璇上大学的专业也是妈妈给报的……

而李璇也非常听话，一切都听从妈妈的安排，妈妈说穿红色的衣服好看，李璇就穿上红色的衣服；妈妈说不准晚回家，李璇放学回家后就从来不出去玩。

李璇按照妈妈的意愿考上了大学，毕业后参加某知名公司的招聘会。招聘人员问李璇对工作有什么要求，李璇犹豫了半天，回答说："我要回家和我妈妈商量一下。"

招聘人员又问她："那你期望的薪金是多少？"

李璇仍旧回答说："我要回家和我妈妈商量一下。"

这位人事经理说着直摇头："我还不如直接把她妈妈招聘过来算了！"

许多儿童教育专家表示,让孩子安静、听话,对每个孩子而言简直是一场"灾难"。他们认为,让孩子好动一点儿,活泼一点,是促使孩子性格趋向成熟的必要条件。这样才能使孩子成为一个"完整的人"。而活泼的女孩接触面广,大脑受的刺激多,能激发女孩的智能。因此,不听话的女孩更具有创造性。

女孩太听话未必是好事,什么都听家长的,不具备怀疑能力的女孩不是好女孩。有位教育专家说得好:我们要培养的是一个不盲目听话的女孩,而且对所有值得她们怀疑的问题,女孩都会有自己的思考,并且要无所畏惧地说出来。我们只要从小告诉她一个原则,一个标准。在这个标准下,她知道什么东西可以去执行,什么东西坚决反对,掌握好这个度就可以了。

怎样做才能让女孩既听话又能促进她们的发展呢?

首先,要尊重女孩的权利。不要把女孩当成棋盘上自己手中的棋子,可以任意支配,随意摆布。要为女孩创设有利于她们发表意见、表达感受、进行选择、表现能力的环境和条件,使她们成为一个自由、独立、自主的行动者,在将来面对生活时才会游刃有余。

其次,要为孩子创造发展的空间。女孩面对充满诱惑力、信息万变的世界,对身边的一切都感到陌生、好奇,她们要去尝试、想象、探索、操作,她们常常是看到什么就要去动,想到什么就要去做,不会考虑后果,可能会做出一些不符合规矩的错事,表现出不太听话的行为。这正是儿童自立性、强烈求知欲的可贵表现。在遇到这种情景时,家长应抱着积极的态度,防止急躁动怒,急于制止。应站在女孩的立场,以自己儿时的心态去理解孩子的兴趣、需求。再来细心观察孩子的行为,耐心地看个究竟,尽量不去干扰,打乱孩子的思路,对女孩的想法和做法多一些宽容理解和接纳。

总之,对女孩一些不听话的行为,应肯定女孩积极的一面,以商量的口吻提出一些建议。如果家长这样做了,女孩会从家长那里得到尊重和理解,女孩将会变成既听话又聪明能干、有创造个性的女孩,从而为她以后的发展打下较为坚实的基础。

5. 拒绝女孩的非分要求

今天的孩子,特别是许多独生子女家庭的孩子,得到了前所未有的爱护、照顾和物质享受,与父辈们童年时的生活相比可谓有天壤之别。孩子们从电视上、大街上、游乐园中看到多姿多彩的繁华世界,她们的欲望变得强烈;而父母们经常不忍心拒绝孩子的要求,千方百计地予以满足,唯恐落在他人之后。但是这就是真的爱孩子吗?

莹莹4岁了,是一个女版的小霸王,这天奶奶带她在公园玩,莹莹骑了个粉色的小自行车,因为要去放风筝就把自行车停在了广场的边上,正玩着的时候,莹莹一回头看到了一个2岁多的小男孩在摸自己的小自行车,还试图要骑上去,莹莹丢下风筝就跑过去了:"把你的脏手拿开,不要碰我的车子,我打死你。"说着莹莹就对着小男孩踢了一脚,蛮横地夺过自己的单车,小男孩的妈妈赶忙过来:"宝贝,你怎么动姐姐的车子了?跟姐姐说对不起!"小男孩虽然被踢了一脚,但因为年龄小,可能也不怎么疼,就没吭声,妈妈就对莹莹说:"我替小弟弟给你道歉了,不该在不允许的情况下碰你的车。"莹莹头一扬扭头走了,可过了一会,她看到那个小男孩在一边玩,就又骑单车过去要踢人家,幸亏小男孩的妈妈在不远处看到了,及时把儿子拉到了身后,并对莹莹说:"你怎么能这样呢,小弟弟骑你的车已经给你道歉了,你刚才已经踢他一脚了,怎么还要欺负他。"而这时,莹莹的奶奶就在不远处看着,却一句话也没说,小男孩的妈妈很是生气,就带儿子离开了,并希望再也

不要遇到这么不讲理的女孩。

莹莹和爷爷奶奶生活在一起，无论多么不合理的要求都会尽量满足她，不满足就躺在地上大哭大闹的。在外面玩，看到别人的玩具想要玩，爷爷奶奶就想方设法地劝人家小朋友把玩具给孙女玩，小朋友不给爷爷奶奶就去和人家家长商量，给孩子哄过来，而莹莹的玩具如果有小朋友要玩的时候，莹莹是绝对不给的，而这时爷爷奶奶就装作没看见。由于怕孙女被别的小朋友欺负，就对孙女欺负其他孩子睁只眼闭只眼。其实在家里他们也经常被孙女欺负，如果孙女要骑马，爷爷就给孙女当马骑；饭做好了，孙女说不好吃，奶奶就要重新给孙女做；商店晚上都要关门了，孙女说要吃冰棒，爷爷就挨个商店去给孙女买。可怜那么大岁数被孙女这样折腾，有时邻居看不上了，说不能这样惯着孩子，奶奶就说："她爸爸妈妈不在身边，老感觉孩子跟着我们受委屈了，就惯着她点吧。"

现在的莹莹越来越任性不讲理，在家里说干什么就干什么，把爷爷奶奶折腾得叫苦不已。有一次莹莹的风筝挂在树上了，爷爷说找人给她拿下来，可莹莹当时就要，非要让爷爷上去给她拿，不拿就躺在地上不起来，爷爷只好找了个梯子上去给她拿，却在下来的时候没站稳，一不小心摔得骨折了。

好多孩子对付大人的手段就是"一哭二闹三打滚"，爸妈不答应自己的条件，就哭就闹，甚至躺在地上打滚。很多父母一见到孩子哭闹，特别是爷爷奶奶就会心疼孩子，有时候会觉得大人让小孩子哭闹自己很没有面子，所以，孩子一哭一闹，就会立即答应孩子的要求。父母无限制地满足孩子的物质欲望，就会促使孩子需求的恶性膨胀。

女孩是最聪明的，最细心的，很会察言观色，她在哭闹的时候，其实也在观察父母或者爷爷奶奶的反应。如果一哭一闹，大人就会答应的要求，她就会在心理上认为，只要哭闹，一切都会如愿以偿，以后她就会把"哭闹"当作杀手锏，来对付父母，只要父母不答应自己的条件，她就会哭闹。为什么有些孩子特别爱哭闹，而且大人劝都劝不住，这就是她在给父母施压，她知道自己这么做父母就会答应自己的条件，这也正是父母给惯下的毛病。所以，对于孩子的要求，只要是无理的要求，父母坚决不能迁就，要让孩子意识到，无理要求是得不到父母支持的，即使哭闹也不行，这样，孩子就不会再提出无理条件了。

冬天了，每天都是零下10度左右的天气，如果不是上班的话，谁也不愿出门，所以周末君君就和妈妈待在家里看电视。正看着的时候，电视里一个小朋友在吃雪糕，君君就说："妈妈，我也要吃。""你看看外面是什么天气，下着雪，刮着风，你的要求很过分，我不能满足。"妈妈坚决地表达了自己的意思，"不行，我要吃，我非要吃。"君君跺着脚说，妈妈很生气，她强压怒火，耐住性子对君君说："冬天吃雪糕会伤害身体的，会肚子疼，你想吃也要至少等到春天变暖了才可以。"可君君还是不放弃，一定要吃。妈妈就说："现在这样的天气根本就没有卖雪糕的。"君君不信。"不管怎么说，我不赞成你吃雪糕，要吃自己去买。"说完，妈妈就没再理君君，君君还真是想吃雪糕，见妈妈没理她，竟然自己穿上衣服出去了。

不一会，君君就回来了，妈妈问她："买到了吗？""别人都说这么冷的天哪有雪糕卖呀？卖了也没人买，还嘲笑我呢。"君君沮丧地说。"那要不要下午再去其他地方看看有没有卖的？"妈妈坏笑着说。"不，不，我不吃了，在家没什么感觉，出去可真是冷，如果我真拿个雪糕吃，估计别人还认为我神经病呢。还是等到春天再吃吧。"君君不好意思地说。

这样的做法，看起来好像很不近人情，实际上却是对孩子发展真正有益的做法，是真正的爱孩子。这样做，孩子就会知道什么样的要求家长不会答应，就会知道自己该怎么做才是正确的。

对于父母来说，孩子的要求，不能够一口应允，也不能够一棒子打死。要站在孩子的角度来看待什么样的要求应该满足，什么样的要求应该坚决拒绝。如果是合理要求，就要在力所能及的范围内尽量满足她。比如

说，孩子很爱看书，只要是适合孩子看的，孩子提出来就可以给她买。总之，只要孩子的要求是正当的，就要满足。孩子也能够从父母的支持中获得自信，坚定信心。

反之，如果是不合理的要求，即使再小的要求，也坚决不能答应，不管孩子怎么哭闹，怎么不乐意，也不能答应。如果这个口子一开，孩子就会用哭闹来要挟父母。对于孩子的无理要求，可以转移她的注意力，让她慢慢平静下来。倘若孩子仍不肯罢休，可以采取冷处理，让她自己去哭一阵，待发泄完毕后，再和她讲清道理。

"拒绝孩子"是一门艺术，是矫正溺爱的有效方法。那么，父母怎样学会拒绝，使孩子既不生气又乐于接受呢？

父母最重要的是要坦白告诉孩子拒绝的理由。把自己的拒绝理由坦率认真地告诉孩子，要相信孩子的认知能力。自幼明白道理和克己节制，心理上能承受一定的挫折，这对她们今后的生活大有益处。

拒绝孩子的无理要求，还要做到前后一致。不能因为今天心情好，便纵容孩子一些；明天心情不好，便对孩子严格起来。这样会让孩子无所适从，也会影响到孩子的安全感。更重要的是，会让孩子觉得，大人拒绝自己不是因为自己的要求是无理的，是错误的，而是大人对自己的惩罚，这样就会使孩子对自己失去信心。

而且家人都要一致，不能一个人要求严格，而另外一个人却纵容孩子，尤其在孩子的爷爷奶奶身上表现得最明显。

晓雅在家里说一不二，要什么爸爸妈妈立马就得买来，否则就大哭大闹。晓雅的爸爸知道不能这样宠孩子，可是晓雅却依然我行我素，丝毫不理会爸爸那一套。因为她知道，自己的背后有奶奶撑腰，爸爸不答应的事情，奶奶会给自己的。

有天晚上，晓雅非要吃薯条。晓雅的爸爸说："现在下着大雨，怎么出去买呀？咱们明天再去买，好吗？"

在爸爸的劝说下，小雅放弃了自己的要求。

可是，奶奶在旁边听见了，就冒着大雨跑到超市把薯条给孙女买回来了。

结果，晓雅拿着薯条在爸爸面前显摆，不住地说："哼，还是奶奶疼我！爸爸不给我买，奶奶给我买！"

所以，在拒绝孩子的非分要求时，家人的意见一定要达成一致，要注意相互之间的通气、默契，不要爸爸拒绝了，妈妈又同意了；或者父母达成了一致意见，爷爷奶奶又悄悄地予以满足，并背着父母在孩子面前唠叨，这样会造成孩子心理失衡，误以为父母不疼爱自己。

拒绝孩子的要求是一个让孩子对周围环境、对行为规则进行认识的教育机会，拒绝孩子的非分要求，孩子才能够健康地成长。

懂得女孩，教好女孩

6. 不要给女孩太大的压力

雅琴从小就是一个听话懂事的女孩子，上小学时一直学习很努力，成绩也不错。但妈妈一天到晚总会说："女儿一定好好学习，一定要考上重点中学，要不然就没有出路。"雅琴总是充满信心地说："妈妈，我知道了，你放心，我一定行。"在妈妈不停地督导下和雅琴的努力下，雅琴如愿以偿，考上了理想的中学。

妈妈又在女儿耳边说："你在班里的成绩一定要进入前十名，否则就没有机会考上重点高中了。"雅琴丝毫不敢有一点松懈，终于努力进入了前十名。可妈妈又不停地说："你得争第一，这才有出路。考大学才有希望。"

很自然，接下来妈妈会要求考名牌大学，否则就没有任何前途。

雅琴在妈妈无休止的要求中艰难地成长。她感觉连喘口气都怕一不小心耽误了学习的时间，她内心的压力越来越大，也越来越恐惧。

终于有一天，在妈妈又一次提出更高要求的时候，雅琴突然歇斯底里地对妈妈吼了起来："妈妈，你什么时候能满足？你无止境地加码，你有没有考虑过我的感受？你知不知道我内心的感受？你真的压得我喘不过气来……每当我用十二分的努力实现了你的愿望，你就高兴极了，对我万般的疼爱，那一刻我就是要天上的星星你都会给我；可当我没达到你的要求，我就什么都不是了，你无休止的责骂和奚落就会劈头盖脸地向我砸来……这么多年来，在你的心中只有第一，必须第一，无数个第一整天在追赶着我，我真是太累了，我满足不了你的愿望了，我受不了了，我会疯掉的……"

我们不敢想象雅琴万一失利后会是怎样的结果。但我们知道雅琴承受的压力已经到了极限，再这样下去她真的会疯掉的。

一个人的进步需要一定的压力。没有压力，就会没有动力，就没有进取心，一事无成。但是人承受压力是有一定限度的，压力过大也会使人喘不过气来。

曼曼今年初二了，平时小测验成绩总是很好，可一到期中和期末考试就考不好，而且考试完只要看到成绩不好就情绪很低落，吃饭都没胃口，还生病。曼曼这个孩子从小就聪明伶俐，爸爸妈妈对她期望很高，很小就开始教他认字，在曼曼5岁的时候就会自己看故事，看报什么的，妈妈还给她报了很多的学习班和兴趣班，小小年纪就是个大忙人。

曼曼曾跟同学说，她不喜欢放假和过双休日，因为只要不是在学校，她每天都要不停地去好几个不同的地方学这学那的，每次考试成绩好了爸爸妈妈就宝贝长宝贝短的叫，而考砸了爸爸妈妈的脸几天都是阴的。每次考试前的几天就不停地给自己施加压力，结果，在考试前的几天里，曼曼晚上总是休息不好，更别提考好了。而那些额外的辅导班，都是她不喜欢的。爸爸妈妈把曼曼本该休息玩耍的时间给剥夺了，难怪曼曼喜欢待在学校了。

在重压之下，不少孩子会有逆反心态，越来越不愿意学习，和家长、老师难以沟通。家长和老师为其深感焦虑，会给孩子更大压力，形成恶性循环……其实，不给孩子过大的压力，对孩子成长会更有利。

作为父母不要给孩子制订不切实际的奋斗目标。如果不顾孩子自身实际情况，只知道让孩子这个拿第一，那个要重点，就会给孩子造成巨大的压力。

若晴的妈妈很少让女儿参加什么学习班、特长班。每次若晴考试回来都会兴冲冲地告诉妈妈："妈妈,我又考了100分。"本以为会得到妈妈的夸奖,谁知妈妈只是"哦,是吗?很不错"地回应一声,然后随便问她些和考试分数毫不沾边的事。若晴继续问妈妈："我考了100分,有什么奖励吗?"妈妈就说:"有呀,今天做了你最爱吃的糖醋里脊,你好好吃饭就是奖励了。"若晴很失望,但这种失望在她下次考试不好的时候就找到了心理平衡。

这不,"妈妈,我这次没考好,只考了85分。"期中考试成绩下来之后,若晴满脸沮丧地回到家对妈妈说。她以为妈妈会像她一样失望,谁知妈妈还是和上次一样:"哦,是吗?妈妈知道了,这没什么的。来帮妈妈把料酒递过来,今天我做了你爱吃的红烧鱼。"妈妈把话题转移了,先缓解了一下若晴的情绪。饭后,妈妈和若晴一起检查试卷,查找错误的原因,她们发现这些题其实都是若晴会做的,只是不够细心造成的,若晴不好意思地说:"考试的时候一看题目挺容易的,就感觉没问题,做完后没检查就交卷了,我现在再做一遍吧,我保证能做对。"说完就开始认真地做题了,很快就搞定了。现在,若晴的成绩一直很稳定,错误一次比一次少,若晴把每次考试都当成给自己纠错。考试成绩好了也不跟妈妈炫耀,考试差了也坦然面对。若晴每天都开开心心的,从不因为成绩的好坏影响自己的心情。

父母不要让100分变成孩子的思想包袱,这是每个家长都应该意识到的。因为这个"包袱"不但会让孩子学习不好,还会成为孩子生病的心理因素,使孩子不能愉快、健康地成长。

作为父母要学会倾听孩子的心声。做孩子的知心朋友,了解孩子心理上有什么压力、压力是从哪里来的。听听孩子的倾诉,抽出时间和孩子面对面地交谈,专心地看着孩子,认真地听孩子说话。只有父母肯把心交给孩子,孩子才肯把心交给父母。这样,父母才能了解孩子心理压力的真实情况,才能够针对问题帮助她们。当孩子情绪不好时,要注意帮她调整,孩子有话,该说就让她说。孩子委屈,该哭就让她哭。孩子郁闷，该喊就让她喊……让孩子畅所欲言，一吐为快，帮助她解除心理压力。

父母要鼓励孩子培养广泛的兴趣爱好、多参加一些学校组织的课外活动，这对纾解孩子的心理压力是很有益的。不要强迫孩子去学这个、学那个，要尊重孩子的意愿。父母要付出爱心，多关心孩子的成长，多关心孩子的所想所做。对孩子的压力及早发现并且加以恰当的引导，孩子就不会产生沉重的心理压力，轻松愉快地度过少年时光。

最重要的是，父母不要给孩子灌输考上大学是孩子的唯一出路的概念，如果你给孩子灌输这样的思想，孩子就会潜移默化地接受家长的思想，一心一意努力奋斗，为上大学而学，她把出路和希望都寄托在"一定"或"必须"上了。那么在竞争激烈强手如林的考生中，如果孩子一旦失利，没有迈进大学的校门，后果可想而知。

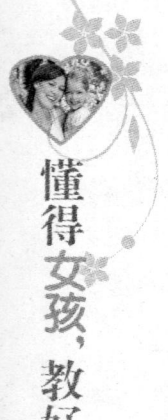

7. 爸爸妈妈的意见要一致

孩子的教育问题，父母之间经常会出现不同的意见和观点，这是很正常，也很普遍的事情。主要是因为爸爸对孩子的爱，和妈妈对孩子的爱，是完全不同的，在教育孩子上面总会有不同的看法。

王先生的妻子是中学老师，自认为教育孩子自己最有发言权。而王先生也经常翻看一些教育孩子的书，对教育孩子有自己独到的见解。于是，在教育女儿上面常常意见不统一，各走各的道，王先生为了抢占女儿教育的权利，经常让女儿听自己的，否定她妈妈的做法。

妻子是一个很爱干净的人，用王先生的话说就是有洁癖，喜欢家里一尘不染的。只要看到孩子坐地板上看书、做完作业后不收拾、玩具扔得到处都是，在外面回来衣服给弄脏了，就会发火，而王先生认为这些事是妻子应该做的。每当妻子为这些事批评女儿时，看到女儿一脸可怜样子，王先生就心疼女儿，就会帮助女儿说话："孩子还小，大了就会注意的，再说了收拾那么整洁干吗，一会不就又乱了，这才像个家的感觉嘛。"女儿听了爸爸的话，就有恃无恐地养成了不爱收拾的毛病，妈妈批评她，她就会寻求爸爸的保护，而爸爸每次都护着女儿，批评妈妈不对。女儿感觉有爸爸的保护，就不把妈妈的话放在心上，总会讨好地对爸爸说："还是爸爸爱我。"当然女儿也在更多的地方和爸爸站同一立场，和妈妈相比也更听爸爸的，每当这个时候爸爸就暗自得意，甚至感觉由此让女儿和自己更亲了。

很快，王先生就发现了事情的不妙。有一次，女儿对奶奶很不礼貌，王先生让女儿给奶奶道歉，可女儿就是不听话，王先生无法容忍女儿对自己妈妈无理，就要打女儿，谁知女儿就跑到妻子那里寻求保护，妻子虽然也感觉孩子错了，但她一向反感打孩子，于是两人就为孩子的教育问题吵了起来，本来的亲子教育，很快演变为夫妻战争，而惹祸的女儿见情况不妙就赶忙躲到了自己的小屋里去了。

好在，夫妻二人都是很会自我反省的人，在这种教育方式下，随着女儿的逐渐长大，她们发现女儿学会了察言观色，见风使舵，不论对错，谁对她有利她听谁的，而且还学会了利用王先生夫妻二人对她教育观点的不同，根据需要寻求保护，甚至有时还会故意制造点小矛盾让王先生和妻子吵架，这样她就可以"坐收渔翁之利"。王先生和妻子意识到女儿这种行事方式后果很严重，这样下去孩子肯定会给毁了。

于是，王先生和妻子决定，统一内战，联合教育女儿。假如教育女儿出现了不同意见，就背着孩子协商对策，而不是当着女儿的面争论谁对谁错，努力在孩子心中树立夫妻双方的威信，不再当着女儿说"你爸说了也没用，得听我的"，"听爸爸的，该干吗干吗去"之类的话。

王先生发现，自从他们步调一致后，女儿非常听话，不管是谁讲的只要正确就会认真听，并自觉执行和改正。王先生很庆幸在孩子的教育上和妻子达成了一致，要不然真的会毁了女儿的。

在家庭教育里，培养子女是父母的共同责任。可是，在履行这一责任的过程中，时常会出现夫妻双方意见不一致。对孩子问题的处理上存在很大分歧。甚至当着孩子的面就表现出来，特别是一个支持，一个反对，一个唱红脸，一个唱白脸的。这样会影响父母在孩子面前的权威性。更会破坏对孩子的教育效果。孩子都很聪明，特别是女孩，更善于察言观色。

女孩有本能的自我保护心理，会利用父母对自己的意见不一，去寻找有利于自己的保护。容易强化这种心理，使家庭教育大打折扣。

父母意见分歧还会使孩子养成任性的坏习惯，父母对孩子的要求保持不一致，孩子就会无所适从，不知道听从谁的，反之，如果父母的意见保

持一致,孩子就会知道自己正确与否,并学会在新的环境中继续或停止、改正这种行为,从而养成良好的习惯。

因此,要想教育好孩子,就要学一点科学的教育方法。夫妻之间对任何事情都会有多多少少的一些不一样的观点,对孩子成长规律的理解也互不相同,在教育孩子的问题上一定要努力保持观点一致,即使有分歧也要背着孩子商量解决的办法,而不是当着孩子的面相互指责对方的不对,更不能因为孩子的问题影响到家庭的和睦。

特别是在孩子小的时候,这种争吵会给孩子带来不安全感,会让孩子紧张和害怕,也会让孩子认为是因为自己的问题让父母争吵的,这对孩子将来的成长不利。而对大一些的孩子来说,她们会认为谁最后赢了就是对的,谁支持自己的想法谁就疼自己,谁就在家里有发言权,而另一方输的会在孩子心目中越来越没有威信。这种感觉会为孩子将来的不良行为埋下祸根。

当着孩子的面要尽量避免正面冲突。尽管对方教育孩子的方法不对,也不要轻易指责对方,指责从来不容易让人接受。特别是孩子在场时,夫妻双方都有一种要维护自己的尊严和权威的心理需要,简单的指责除了会让彼此不愉快外,不会有其他的收获。因此,当孩子在场时,彼此一定要克制自己要发脾气的欲望。少一分正面冲突,就会少一分对孩子教育的负面影响。

父母要经常在一起交换教育孩子的意见。多回顾一下孩子近来的表现,哪些方面有了进步,哪些方面没做好,哪些方面需要继续努力教育。同时也可以为孩子下一步发展制订一个计划,学习上、生活上、品德上、性格习惯上要达到什么程度,这样就会形成有计划、有目的的教育。

当然我们在一些事情的处理上也要尊重孩子的选择,而不是必须要听爸爸或者妈妈的,只要孩子的要求和想法合理就可以给予支持,或者爸爸妈妈给孩子不同的方案让孩子来进行选择。只要是建立在家人互相尊重互相信任的基础上进行的都可以实施。

8. 尊重孩子

父母只有放下家长的架子，尊重女儿，以平等的身份对待她，才能够和女孩子建立相互之间的信任，才能够实现良好的沟通。

有些父母在自己心情欠佳时，对孩子语言和肢体的伤害还是会时常爆发的。可是，父母知道吗？再小的孩子也同样有隐私、有自尊心，而且在"面子"问题上，表现得一点也不比成年人含糊。

如果孩子被无端地比较、被取笑，孩子会很生气，很伤心的。

四岁的玉玉是个有几分调皮的女孩。表弟来玉玉家做客时，玉玉不愿意把自己的玩具和弟弟分享，每次弟弟拿起一件玩具，玉玉就跑过去，把玩具直接抢走，被夺玩具的弟弟只好大哭。这可让玉玉妈妈气坏了，妈妈狠狠批评她。可玉玉一脸不服气，还把玩具扔到一边，直到弟弟回家，一直没有理妈妈。

玉玉的妈妈经常和邻居的阿姨聊天。有一天聊到尿床的问题，玉玉妈妈无意中说出玉玉上幼儿园大班了，还在尿床。4岁的玉玉当时的表情就很难看，瞪着眼睛直嚷嚷："谁说我还尿床了，没有这回事！你才尿床呢。"说完伤心地跑开了。

父母眼中的"小丫头"也有自尊心，父母不经意地触及她的隐私和"痛处"，或以说笑取乐的方式来说出她经历的糗事，会让孩子觉得非常的丢"面子"，感到难堪、委屈、气恼甚至无法接受。

懂得女孩，教好女孩

无论孩子多么弱小稚嫩，都具有和成年人一样的独立人格。和男孩相比，女孩更敏感，更容易自尊心受挫，更需要大人对她们的尊重。所以请父母一定要尊重女孩，保护女孩的自尊心。自尊心是她们成长的动力，保护好女孩的自尊心，这是做合格父母的责任。

尊重是教育的最高原则，没有尊重就不可能实现真正的教育。在现实生活中和教育实践中，父母居高临下地对孩子缺乏民主平等的态度，稍有过失或错误，就打骂出气，这样做的结果往往适得其反。

李亚今年已经上初二了，妈妈发现她总是把好好的牛仔裤上戳两个洞才穿。李亚的妈妈非常生气：好好的衣服为什么要弄破呢？

她就批评李亚说："新衣服一点都不知道爱惜，弄两个洞还怎么穿呀？"

没想到，女儿竟然理直气壮地说："你落伍了！现在流行穿带洞的牛仔裤，新的穿着不时尚。"

妈妈听到这话气不打一处来："新牛仔裤不穿，非要弄得像个要饭的似的，这孩子真是疯了！"

妈妈实在不理解李亚的这种怪异行为，不过她还是一个非常开通的母亲，她就去学校，要看一看和女儿的一样的学生都穿成什么样子。

在学校，妈妈发现，现在这些孩子可真不得了，穿成什么样子的都有，甚至比女儿的还要夸张。相比之下，女儿倒算中规中矩了。自己的想法倒真有点落伍了。

李亚放学回来后，妈妈心平气和地对她说："今天我到你们学校去了，看了看你们的穿衣打扮。也许我真是赶不上时代的潮流了，从现在开始，去上学或出去玩，你爱穿什么就穿什么，我不再过问了。"

女儿见妈妈这么快就转变了过来，非常高兴："妈妈，你真的不再反对我这样穿了吗？太好了！"

"是的。不过，我还有一个条件，陪我逛街或拜访长辈的时候，你要穿得像样点，别让人以为我带了个小乞丐。"妈妈说。

李亚听了妈妈的话，一句话也不说，显然是在考虑。

妈妈看着女儿，继续说："这你都不同意呀？你只做了百分之一的让步，而我已经让了百分之九十九，你想一想到底是谁划算？"

李亚听了，立即同意了，她抱着妈妈说："好吧，妈妈，就按你说的办，咱们一言为定。"

从此以后，妈妈再也不对李亚的穿着说三道四了，而李亚和妈妈一起出门时，也打扮得大方得体。

李亚经常骄傲地跟自己的同学说："我有一个最能理解我的好妈妈！"

正因为李亚的妈妈给了女儿足够的尊重和信任，孩子就同样回报给妈妈充分的理解和真诚的信任。

要尊重我们的女孩，尤其是父母更要尊重女儿，爱护女儿，尊重女儿的社会需要，允许她和同伴朋友进行正常交往，在外人面前树立她的威信，而不能再把女儿当成不懂事的孩子看待，企图把她挂在自己身边，更不能当着外人的面数落、训斥她，以免伤害她的自尊心。父母经常和孩子一起游玩，聊天，了解孩子的想法，知道女儿内心情感的变化，让孩子知道你对她的关心，使孩子愉快的成长。在家里，让孩子也有发言权，谁对就听谁的，不要总是凌驾于孩子之上，搞家长专制，以免女儿和父母有隔阂。

父母还要学会换位思考的方法和技巧，当女孩遇到问题的时候，父母要能够从女儿的角度看待问题，分析问题，并有效地解决问题。这样，女儿得到了父母的尊重，就能够健康成长。

9. 不要对女孩使用"软暴力"

对于女孩，父母很少拳脚相加，但却往往以冷漠、蔑视、厌恶、辱骂、恐吓等"家庭软暴力"来对待女儿。

当父母对女孩的行为或学习成绩不满意时，不是平等、理性地去和女孩讲，而是用辱骂、讥讽的语言。言语伤害有时比"打"更伤人，对女孩使用过激、恐吓、指责性的语言，轻者会造成行为、心理的抵抗，产生逆反心理，重者会导致焦虑、抑郁、恐惧、自闭等各种心理疾病。

感恩节这天，应学校的要求，爸爸去学校参加女儿的活动。女儿和小朋友有一个节目，《感恩的心》用手语做动作，当爸爸看到别的小朋友都很配合地在老师的指导下表现得很好，可女儿呢，自始至终连一个动作都没做，傻乎乎地站在那里，像个木偶一样，爸爸听到了周围家长的议论，当时爸爸就气不打一处来，当着全班孩子、老师和那么多家长的面劈头盖脸就是一顿羞辱："你这个丫头，怎么像个木偶一样站着不动，没看到别人都在做什么吗？真是气死我了。我怎么生了你这个笨丫头！你再不好好跟老师一起做，我现在就走，以后我就不要你了。"

女儿看爸爸当着那么多人的面羞辱她，她也很吃惊。但她只是用惊恐的眼睛看了爸爸一眼，就胆怯地跟着老师做着，女儿的眼里满含着泪水，做动作的手也在颤抖，一首感恩的手语动作此时在女儿眼里似乎是猛虎野兽。看得出，女儿已经没有一点兴致了，爸爸似乎看到了她对这首歌的厌恶。

家长经常口无遮拦地肆意讽刺挖苦孩子，而忘了语言的杀伤力有多大。"好话一句三冬暖，恶语伤人六月寒"。父母无论是想鼓励孩子，还是想批评孩子，在说话之前，都要三思而后行。会不会说话，直接决定了你的话被孩子听进去的效果，这是一种习惯，也是一种能力。在说话之前，先把话在大脑里过一遍，确认如果你是孩子，你也能接受的话，再把它说出来。

孩子虽小，也是有自己的尊严，希望能受到他人的重视和尊重。挖苦、讽刺这种强烈的刺激，极大地伤害了孩子的自尊，超越了孩子的理智能够接受的范围，是对孩子人格的羞辱，会刺伤孩子的自尊心。家长采取这样的方式对孩子进行教育，往往适得其反。

灿灿垂头丧气地回来了，期中考试成绩又没有达到妈妈定的目标，不知道这次妈妈要怎么挖苦自己了。

"灿灿，成绩单拿来我看看。"妈妈做在沙发上，边看电视边对女儿发号施令。

"妈妈，我进步了5个名次，可还离你规定的差了3名。不过，我一定会努力的。"灿灿低着头说。

"你还有脸说呀？什么时候让我满意过？你怎么就不学学人家楼下的，每次都考第一，你呢，脑子里边装的都是糨糊吗？真够笨的。"妈妈劈头盖脸的训斥让灿灿很是懵，虽然妈妈不是第一次这样说自己，可自己真的努力了，也进步了，妈妈为什么就看不到呢？

"晚上的饭不用吃了，好好反思吧，真够笨的，我怎么就生了你这么笨的女儿？"妈妈不依不饶地数落。

过了一会，爸爸回来了，妈妈告诉爸爸："你那宝贝女儿又没进前十名，你不准理她，冷她几天，让她好好想想。笨死了！"

周日，姑姑和姑父来了，妈妈说："灿灿的成绩是没有指望了，没什么起色，脑子笨，没办法，以后也就那样了。"

灿灿躲在自己的小屋里，没敢出来，她感觉自己真的没脸见人了。

懂得女孩，教好女孩

灿灿在妈妈的打击下越来越不自信，越来越胆小，自闭，成绩更是直线下降，灿灿开始厌学。

有一天在妈妈又一次数落的时候，灿灿突然泪流满面地说："妈妈，够了，别说了，我宁愿你打我一顿。你再这样说，我就去死！"

孩子都是有自尊心的，她们听到这些讽刺，往往产生逆反心理。她们对待家长的这种刺激，往往产生敌对情绪，时间一长更会形成"抗药性"。

孩子如果对你的讽刺、挖苦提出抗议，"你说我笨，我怎么笨了，我不笨！"这还是好孩子，她们还有自尊心。如果你整天讽刺，孩子没反应了，那就坏了。"你说我笨，我就是笨"，根本就不在乎了，这时候的问题就严重了。

因为这是对她们自尊心的伤害，这种内伤更难医治，表面上看她们对讽刺、挖苦无动于衷，可她们有苦往肚子里咽，心理负担很重，甚至形成心理疾病。

实际上，父母对待女儿的"软暴力"还有很多表现形式，例如有的家长为了让孩子有个好的学习成绩，使孩子一心扑在学习上，武断地剥夺了孩子所有放松身心的时间和机会，不许看电视、不许听流行歌曲、不许追星、不许与同学交往，孩子被封闭在极其单调的环境中，过着枯燥乏味的生活，终日只是趴在书桌上，学习、学习、再学习，根本谈不上身心调节、张弛有度。

还有很多家庭中，有些父母不愿意用打骂的方式来处理亲子之间的矛盾，孩子没按自己的要求去做，或没能达到预期的目标，他们不愿闹得不可开交，于是与子女展开长时间的冷战。有的父母因为生孩子的气，几小时、一两天不搭理孩子，想让孩子体验到因为自己犯错误，而使父母痛心、失望，从而使孩子能够自我约束，自我矫正错误。有的家长表情冷漠，不给孩子一点生活上的关心和精神上的抚慰，这同样是对孩子的一种"软暴力"。

"软暴力"使孩子经常处于被轻视、被当众贬低或受指责的地位，会使孩子产生自卑、对自己缺乏信心，变得自卑、懦弱，影响潜能的发展。

挑剔过失、说话刻薄、嘲笑孩子，会使孩子对父母产生怨恨，严重影响亲子关系，造成难以挽回的局面。家长出口成"脏"、缺乏修养的教育方式，会令训教效果大打折扣，甚至失去说服力。

要避免软暴力，父母不妨遵循"教育孩子三种话你尽量少说"的原则。

第一，否定词少说。比如"不许淘气、不要玩沙子、不能晚回来、不可以看电视"等，家长不断地向孩子亮起红灯，可是准许干什么，家长却不说。

第二，挑剔词少说。许多家长不停地去发现孩子身上的缺点，并随时随地挑出来进行施教。其实消极的词语是一种"负信息"，由于过度强化孩子的弱点，最终只会让孩子以否定的态度对待自己，对自己失去信心。

第三，限制词少说。"应该、必须"是一些表达主观愿望、主观想象的词，父母用这些词强调的只是自己的主观愿望，而忽视了孩子的客观存在，用一种强硬的态度让孩子进入某种规定的位置，并按家长的设计"修剪"孩子，其结果，会使孩子陷入不明就里的盲动、盲从之中。

10. 不要打探女孩的隐私和秘密

有一首歌最受女孩的喜欢："女孩的心思你别猜，你猜来猜去也猜不明白。不知道她为什么掉眼泪，也不知她为什么笑开怀。不知道她为什么闹喳喳，也不知她为什么又发呆……"

随着女孩的慢慢长大，有了属于自己的小秘密，这些是属于她们一个人的秘密。可是很多父母生怕女孩受到一丝一毫的伤害，所以希望能够多了解女儿一点，他们总是想尽各种办法来了解女孩子的秘密。有一位母亲的想法可以说代表了很多人的观点：

"我的女儿成绩优异，比较听话，可我对女儿仍不放心。觉得现在社会诱惑很大，稍微放松对孩子的监管，就有可能毁掉她的前程，女儿的一举一动，我都想掌握。

有一天女儿出去玩，把手机忘在家里了，我就趁机拿起女儿的手机，想要看看女儿的短信上都有些什么内容，没想到却被回来拿手机的女儿发现了。平时很温顺的女儿忽然发起了火，埋怨我的做法，我对女儿的埋怨却感到很不解："不看你的手机怎么知道你都结交了一些什么人？我这样做，都是为了你好啊！"

很多家长，尤其是妈妈们，认为自己看孩子隐私的初衷是为孩子好，是出于对孩子爱护，但实际上这些行为给孩子带来的心灵伤害远远比给她们的"爱护"要大得多。家长偷看日记、偷听电话这些行为，其实都是对孩子关心不够、缺乏信任的表现，容易造成孩子对家长的不满情绪，产生新的沟通障碍。家长在侵犯了孩子的隐私权的同时，也对孩子的心理造成了很大的伤害，如果长期下去，原本浓厚的亲情也会淡薄很多。

孩子有了自己的秘密和隐私，是独立意识和自尊意识觉醒的一种体现。进入青春期的孩子，在这方面表现地更加明显。孩子渴望被尊重、被承认，尤其是在面对自己的秘密和隐私时，更希望能够得到尊重和保护。

女孩已经有独立的人格和心理，父母应该给她们独立的空间，无论是谁都不应该任意地去限制她们，更不应该以各种冠冕堂皇的理由去任意揭露她们的隐私。家长想要了解女儿的心情可以理解，但是应该采用女儿能够理解的方法来了解，这样才有助于和女儿的沟通。

这两天刘佳总是心事重重的，很是不开心，妈妈问女儿是不是遇到什么事情了，可女儿每次都是欲言又止的，不肯说。妈妈很担心女儿，但想着女儿应该也没什么大事，过两天就好了。可是，又过了两天，女儿还是很不开心，有一天打雷下雨，妈妈接女儿的时候，发现她竟然满脸的恐惧，眼睛还红红的。这让妈妈意识到了女儿小小的心里肯定承受着巨大的痛苦，她必须帮助女儿解决。

这天吃过晚饭，妈妈把女儿搂在怀里，一边和她聊天，一边想着怎样让女儿告诉自己。妈妈说："佳佳，告诉妈妈你遇到了什么事？你这样让妈妈很担心的，说出来妈妈会帮你的，相信妈妈好吗？"佳佳突然大哭起来："妈妈，我错了，我再也不敢乱扔东西了。"妈妈很是不解："乖，好好说，是怎么回事？""前几天我去上学的路上，把没有吃完的煎饼给扔了，一个老太太看到了，就说：现在的孩子真是浪费粮食，也不怕打雷的时候老天爷惩罚。妈妈，你说，我会不会被惩罚呀？"佳佳抽噎着说。

原来是一个老太太随口说的一句话让女儿放在心上了，可怜的女儿，因为平时总是教她要珍惜所有的东西，女儿从没有把吃剩下的东西随便丢弃过，估计当时丢掉煎饼的时候心里也很内疚，就把老太太的话放心上了。妈妈赶忙用自己所知道的知识来告诉女儿，打雷只是自然现象，根本没有老天爷的，更谈不上惩罚了。"你看今天不是打雷下雨了吗？你不是

好好的吗?"佳佳一想也是,不禁释然了。妈妈又说:"当然,浪费粮食也是不对的,以后佳佳注意就是了。"

你看,如果和女儿平等地交流,女儿就能够坦率地将自己的秘密告诉家长。这样,不仅能够了解女儿,而且更能促进母女之间的感情。所以,父母一定要注意,不要随意侵犯女儿的隐私和秘密。如果你想要增加对女儿的了解,不妨这样做:

第一,寻求孩子的帮助

如果你从孩子的日常行为中已经隐约发现问题了,可以找适当的时机,将自己的担忧和焦虑告诉孩子,说明自己的感受,向孩子寻求帮助。孩子一般都能体谅父母的心情,明白道理之后,她们会将内心的困惑说出来,以求得到解决。

第二,用朋友的心态和孩子谈隐私

孩子并不介意和父母谈隐私,只是怕父母过多地管制和批评。父母如果用朋友的心态来和孩子分享隐私、秘密,孩子都不会太排斥。其实孩子很渴望得到父母的指导,这样他们才能更有信心和力量处理好自己的隐私问题。如果父母愿意承担这个角色,孩子肯定会欣然接受。

第三,教会孩子解决隐私和烦恼的方法

孩子的隐私多是一些令人烦恼的问题,父母要教会孩子正确的解决方法。如果父母只是传授方法,而不是板着面孔说教,孩子就会乐意学习。

父母能够教给孩子解决问题的有效方法,不仅会让孩子把自己当成亲密朋友,也给了孩子最好的帮助,这是一举两得的方法。

第四,不当众揭穿孩子的秘密

孩子最忌讳的是被当众揭穿隐私和秘密,父母一定要注意这一点,就算觉得孩子的行为不对,也要注意批评的方式、方法,不能伤害到孩子的自尊心。

5岁的圆圆跟妈妈说,自己喜欢上了班里的一个小男孩,长大了要嫁给他,并让妈妈给她保密,妈妈对女儿的童言无忌没放在心上,也满口答应给女儿保密。可有一次家里来了客人，妈妈竟然当成笑话告诉了客人，客人听了也不禁为圆圆的天真可爱笑了起来，可圆圆一听到妈妈说出了她的秘密，脸马上就红了，伤心地跑回了自己的屋里。好几天都没理妈妈，说妈妈说话不算数，没有为自己保密。见女儿这样，妈妈很是后悔，不该拿着女儿的小秘密当笑话乱说，伤了女儿的自尊。

女孩很在乎自己的自尊心，父母要帮助女孩保护好面子。当众揭发女孩的秘密，只会极大地伤害女孩的自尊心。

第五，不用非正常手段获取孩子的隐私

父母在未经允许的情况下，查看孩子的信件、日记、手机短信、电子邮件、网上聊天记录及其他个人信息，是不尊重孩子的行为。

蕾蕾的爸爸发现女儿最近一段时间只要一回家就上网，于是趁女儿上学后，打开了女儿的QQ号码，查看了女儿的聊天记录，发现女儿竟然和一个叫"伟伟"的人在热烈地网恋。爸爸一气之下，就把对方给删除了。蕾蕾回家后，发现了这件事，对父亲的行为很是气愤和失望。

父母通过非正常手段获取孩子的隐私，会严重伤害孩子的自尊心，也会恶化亲子关系。

第六，不要用隐私要挟孩子就范

父母发现了孩子的隐私，还用它作为要挟，要求孩子按照自己的意愿行事，这种行为无法赢得孩子的尊重，孩子最痛恨被人用隐私要挟自己就范的行为。父母尊重孩子的隐私、秘密，并给予保护，才能获得孩子的尊重和爱戴。

给孩子一份私密的自由空间，能够让孩子的心理成长得更健康。如果你爱孩子，就给孩子这一份尊重和自由吧！

第六章 用正确的方法对待女孩

第七章 怎样说女孩才愿听

比语言技巧更为关键的是我们的态度。如果我们没有真正和孩子在情感上产生共鸣，无论我们说什么，在孩子眼里就都是虚伪的，都是想对他们进行控制。只有我们和孩子在感情上产生共鸣，才会打动孩子的内心。

——《如何说孩子才会听 怎么说孩子才肯说》

懂得女孩，教好女孩

1. 学会赞赏你的女孩

　　我们的父母常常喜欢在人前夸别人孩子，贬低自己孩子，这是最损伤孩子自尊心的做法。特别是女孩子，她小小的、敏感的自尊心会在那一刻受伤。想让女孩充满自信，就一定要学会赞赏她，诚心诚意地把女孩性格中的闪光点，行为上、习惯上让人欣赏的地方提出来，让女孩感到你为她骄傲。

　　李玲的妈妈在女儿小时候，每当有人夸女儿的时候，总是心里很高兴，可却很谦虚地说："她哪有呀，天天让我费心，很一般。你家孩子才好呢，有礼貌，还很懂事。"

　　李玲的妈妈一直这样做，没觉得有什么不对。

　　等到李玲长大工作以后，有一次聊天，她说："妈，好像我小时候无论怎么做，都不能让你满意，你总是感觉别人的孩子比我好。"

　　妈妈听了以后急了，说："哪有的事儿，你各方面都很出色，我很为你骄傲啊！"

　　李玲回答说："可是你总是在别人面前说人家的孩子有多好多好，哪里都比我强。"

　　"我那只是客套话嘛！在妈妈心里你是最好的，比别的孩子都优秀。可我总不能当面说你比人家的孩子强啊！何况人家的父母不也表扬你了吗？"

　　李玲点点头："话是这么说，可我最看重的是你和爸爸对我的评价。别人的父母说什么我不在乎，我就在乎你们怎么看我。我现在虽然理解了你的表达方式，可小的时候我每次听到你夸别人的孩子比我好时，我心里都很难受的，到现在心里还不舒服呢。现在我无论做什么都要和周围的人比，总觉得不如别人。我想了想，大概就是因为小时候你总说别的孩子比我强造成的。"

李玲虽然是开玩笑说的，但是却给妈妈很大的震撼。女儿从小到大，妈妈一直都试图以自己理解的最好的方式去对待她、去培养她，现在她认识到，事实上有些方式对于她却并不是最好的。

父母看似不经意的言行，都会给孩子带来深远的影响，做父母的要慎而又慎才行。只要孩子做出了努力，不论是否有成绩，父母都要给予鼓励，并且启发她继续进步，当女孩有进步的时候要为她感到自豪，要把鼓励、自豪、启发的话都说出来，让你的女孩知道。这样对增强女孩的自信心很重要。

有一个女孩参加了一场很重要的跆拳道比赛，她竭尽全力了，可还是在最后关头以微小差距输了，女孩下来了，累得都要虚脱了一样。这时候，她的妈妈没有露出丝毫失望之色，上来使劲搂住她说："女儿，好样的！和对手拼到了最后一秒钟，我为你勇敢顽强的精神而自豪！"这个女孩因为妈妈的鼓励在比赛场上变得越来越敢打敢拼，后来得了省少年比赛的冠军，而最大的收获是她在做其他事情时也是充满了不畏失败，勇于拼搏的精神。

父母要鼓励孩子不害怕失败，不追求完美，敢于尝试直至成功。从失败中建立起来的成功会让孩子变得自信强大。

不过，父母在赞赏女孩的时候也要注意正确的方法，要针对具体的事情进行。指出孩子什么地方做得好，哪些方面取得了进步，表扬得越具体，孩子就越清楚什么是好的行为。好的赞赏有利于引导女孩更好的发展，而对女孩一味地夸奖和赞美，会让女孩莫名地生出优越感来，这对女孩的成长是很不利的。作为父母要会赞赏孩子，要及时地赞赏孩子，而不是盲目地赞赏。

首先，赞赏一定是建立在真实的基础上。

很多父母错误地以为，只要对孩子简单说几声"你真厉害！""你真棒！""你真聪明！"就是赞赏孩子了。这往往起不到什么好的效果。现在的孩子都很机灵，他们需要的是父母真正的赏识，从内心表现出来的赞

赏。如果父母不是从内心来赞赏孩子，只是表面上简单地用几个词语来夸奖孩子，孩子反而会觉得父母虚伪。

有这样一个例子：一位家长看到育儿书上说要多表扬孩子，多赞赏孩子，就开始实践。见到女儿正在吃饭，就跟女儿说："女儿太好了！你真棒。"女儿听了之后，说："妈，你没发烧吧，怎么说胡话了？"

如果父母没有发自内心，那么，所有的赞扬都是虚伪的，孩子会觉得父母是假惺惺的，赞扬的目的就不可能达到。

再比如，孩子的一次考试明明考得不理想，家长为了不打击孩子的自信心，就对女儿说说："没关系，你考得不错的。"这样虚伪的赞赏往往是无效的，甚至更让孩子反感。如果父母这样说："你这次考试考得不好，是你的潜力没有完全发挥出来，你花在学习上的时间也还不是很多，如果下次再努力一点，你肯定会比现在考得更好。"这样既暗示了学习要努力刻苦，又不会让孩子灰心泄气，增添了新的动力。孩子就会乐意听，并且会更努力学习。

其实不管孩子是否优秀，家长只要以平常心对待孩子，把孩子当做一个平凡的孩子，发自内心地去赏识自己的孩子，往往会发现孩子的优点和长处，然后发自内心地去赞赏孩子，才能引起孩子真心反应。

其次，真正的赞赏一定要明白准确。

如果简单地用"很棒"、"很乖"、"很好"之类的话去赞赏孩子，孩子就不知道你说的是什么，就不会往心里去，当然也就起不到好的效果了。所以，赞赏孩子要准确地表达出赞赏内容，让孩子明白自己好在哪里，优点是什么。比如孩子把自己的屋子打扫得很干净，就要夸奖说："我看到地板都擦干净了，书也都放在了书架上，玩具都放回了箱子里。这太棒了！"而不是简单地夸："你是个勤快的孩子。"

赞赏孩子是要把孩子的优点明确地告诉给孩子，"你说好5点做作业，现在正好5点。这就叫做'守时'。"孩子就会很高兴，并且知道了什么是"守时"，以后就会更加守时。

最后，要当面赞赏孩子。批评孩子要在没人在场的情况下，而赞赏孩子则可以在别人面前来赞赏，这样孩子在别人面前得到了赞赏，就会留下更加美好的印象，孩子也更容易体验到成功的乐趣。

2. 父母这样说，女孩才会听

好多父母都会说"我家那孩子一点也不听话，没说她两句扭头就走。""你跟她说话她就像没听见一样"。"你让她做什么她偏不做，跟你对着干。""没法和她沟通，没说几句她就嫌你烦。"这些父母总是悲叹，自己的孩子怎么就这么不听话呢？

其实，这怨不得孩子，问题出在父母的说话方式上。

有些父母和孩子说话时，总是用命令的口气："你再这样，就别想吃饭了……""你给我把作业做完再看电视……""把毛巾给我拿过来……"用这样的口气和孩子说话，孩子会听才怪呢。

父母对孩子说话的态度和所说的话一样重要。想让孩子帮你做点事情，就看你的话是怎么说的了，你会说，孩子才会听，才爱听。

安雅最喜欢的一支钢笔丢了，她感到很伤心，回到家里非常沮丧地对妈妈说："妈妈，我的钢笔丢了。"妈妈正在忙于公司的账目，心里正烦得要命，就没有好气地说："是不是你自己不小心弄丢的？你怎么总是这样粗心呢？"

安雅非常生气："绝对不是，我去老师办公室的时候，笔还在桌子上呢！"

妈妈边做账目边说："你怎么总是这样，这是你丢的第几支钢笔了？我告诉过你多少遍了，自己的东西要放好，你总是不听，只知道回来发牢骚。"

安雅正因为丢了钢笔窝了一肚子气，见妈妈又这样批评自己，非常不高兴，她对妈妈吼道："你别烦我了！不就是一支笔吗？我不用了行

不行!"

妈妈也生气了,大声对安雅说:"不许你这么和我说话,一点礼貌都没有!"

你看,几句话说的安雅和妈妈都非常生气,妈妈用这种方式和孩子沟通,孩子怎么会接受呢?

如果孩子不愿听自己说话,父母就要反思一下:

是不是自己的要求不合理?

是不是该让孩子有自己的选择?

自己说话的语气是不是让她难以接受?……

多数时候,孩子都是很乖的,都是很听父母的话,但她突然不听话了,肯定是有原因的。你看,云芳很喜欢自己的爸爸,就是因为爸爸的谈话方式,云芳很喜欢。

云芳越长越大,也越来越让妈妈头疼,妈妈说什么她都不肯听,做了错事,一说她就和妈妈吵,把妈妈气得不得了。

这天云芳从学校回来了,垂头丧气的云芳说:"我的新铅笔盒又丢了。"

妈妈一听就生气地说:"又丢了?你怎么总是乱丢东西?这是第几次了?连自己的东西都看不好。小心哪天把你也丢了!"

云芳正要说的话咽下了,甩出一句:"我喜欢丢,不用你管。"就关上门回自己房间了。留下妈妈在门外唠叨,云芳把耳塞塞在耳朵里不听为静。

过了一会,爸爸回来了,妈妈向爸爸说了云芳的情况。

爸爸敲门进入女儿的房间问怎么回事。

云芳说:"没什么大事,就是铅笔盒丢了。"

爸爸说:"哦?是吗?"

云芳接着说:"是的,我下楼买水的时候,还在课桌上呢。"

爸爸继续听着,没说话。

"真不好意思,爸爸你还要给我买个新的了,我已经是丢第四个了。"云芳很不好意思地说。

"不过，我保证，我以后会看好自己的东西的，用完之后不再乱放的。爸爸你就再给我买一个吧。"云芳撒娇地说。

"看在你已经认错的分上，爸爸就再给你买一个，我相信你会看好自己的东西的。"爸爸笑着说。

"不过，就这么一点事，你怎么会把你妈给惹生气了？"爸爸想知道母女两个为什么都生气。

"别提了，我刚告诉妈妈我铅笔盒丢了，她不等我说完就开始没完没了地数落，好像我很愿意丢东西一样。我也不想让她生气的，可我就受不了妈妈说话的态度和语气。"云芳说。

孩子通常都有逆反心理，在他们眼里，父母的帮助通常意味着干涉，关心意味着把自己当小孩看，提供建议则意味着发号施令。虽然有些担忧，但是孩子仍然把独立自主看得高于一切，任何干涉她独立自主的人都是她的敌人。

如果父母都能够像云芳的爸爸一样花一点时间来倾听孩子的感受，一起寻求解决的办法，而不是责备以前的过失，孩子怎么会不听你的话呢？

孩子是一个独立的个体，所以父母对孩子最好的帮助，不是问东问西，而是容忍她的躁动，尊重她的独立，并且理解她的不满。

如果父母苦口婆心，反复教育孩子，不见得能教会孩子什么是真理，这种真理有时反而会变成破坏家庭关系的致命武器。当孩子对你有敌意的时候，任何真理都是苍白的。

所以，要想孩子听父母的话，父母对孩子就必须真诚，孩子的眼里最揉不得沙子。很多父母很不注意身教对孩子的影响，有时为了搪塞孩子，随便给予某种许诺，而过后却不兑现。他们以为哄一哄孩子没什么大碍，这其实是非常不好的习惯。经常失信于孩子的父母，他们的身边也一定会有拿失信于人不太当回事的孩子，这就是父母的行为对孩子的心灵产生的深刻影响，这一影响一旦形成，将很难改变，甚至会影响一生。

懂得女孩，教好女孩

3. 批评女孩有技巧

孩子在成长过程中难免会犯一些错误，批评孩子，特别是女孩，可以说是所有为人父母者头疼的事情，稍有不慎就可能引起女孩的反感。如果不分时间、地点，采用不适宜的方式批评女孩，甚至把批评变成对女孩的情感虐待，不但让她认识不到错误，还有可能造成女孩自卑、孤僻的性格，激起女孩的逆反心理，引起女孩和父母对抗，与教育初衷背道而驰。

所以，批评孩子也要讲究技巧。

有一位商场女强人，在工作上雷厉风行，偏偏对8岁的女儿一点办法都没有。她总是气呼呼地说："我这孩子现在被惯得不像样子了，数学小考，就那么简单的一道题，全班只有她一个人做错！我就说她，'你怎么那么笨！这么简单都做错！你以后可怎么办呀！'结果，这丫头两天都没有搭理我，你说有必要吗？不就是说了她几句嘛！"

这位女老总用她工作上雷厉风行的方法来对待女儿，自然收不到好的效果。

"不就是说了她几句嘛！"真的这么简单吗？事实可大大不然。许多父母一生起气来，就忘记了讲话的分寸。"你怎么那么笨呀？""你怎么可以这么不听话呢？""怎么老是说你，毛病还是改不掉呀！"……结果，孩子一句也没有听进去，父母反而气得窝了一肚子火。

其实，对孩子的批评，有很大的学问。女孩的心灵是敏感的，对于批评更加敏感。如果父母用正确的方法诱导女孩学习一切好的行为，那么，孩子身上的所有缺点和错误就会在不受伤害的情况下逐渐消失。反之，如果用粗暴的方法，就会激起孩子逆反心理，不仅不改正错误，反而会对抗父母的粗暴。

晚上十一点多，早到了睡觉时间，女儿却一直坐在电脑前看动画片。妈妈忙了一天又累又困，不可能一直陪着她。再说明天自己要上班，女儿还要上学，可任凭自己连哄带劝，女儿还是要看，最后不让看了，就赖在地上撒野打起滚来。妈妈火了，拉过女儿就是重重的两巴掌。女儿尖叫起来："你怎么老是这样啊，就知道打人。"为了表示惩罚，妈妈将她反锁在卧室里，让她好好反省。大约过了半小时，没再听到女儿的哭声，妈妈从门缝里偷偷瞄女儿，一看简直肺都气炸了：女儿把作业本撕得满屋都是，小床也翻得乱七八糟的，自己披头散发地坐在地上。妈妈冲进去，拉起女儿一阵怒吼："当初要早知道你这样不听话，还不如不要你！"女儿红着眼和妈妈怒目相视，丝毫不嘴软："你还不是只会发火打人，我为什么就不能生气？"妈妈气得浑身发抖。

每个人都会犯这样那样的错误，何况孩子呢。发现孩子犯错后，父母不问青红皂白地对孩子横加指责，甚至暴跳如雷，对孩子大打出手，这种做法不会有好的效果。

恰当批评和惩罚是规范孩子行为的有效手段，更是爱的一种方式。批评孩子的目的是让孩子认识到自己的错误，改正错误，父母不要怕孩子犯错，要给孩子犯错误的权利，所以孩子犯了错误千万不要用简单粗暴的方式。父母要学会批评孩子，掌握批评孩子的技巧。

批评孩子，不等于不尊重孩子。父母要了解孩子在不同的年龄段对批评的接受方式，根据她们的承受能力，进行适当的批评。并且，在孩子做错事时，明确地告诉她"这件事你做得不对"，不能因为担心伤害，就不批评、不管教。

陈鹤琴先生说："无论什么人，受激励而改过，是很容易的，受责罚

而改过是比较难的。"在赞赏中委婉地批评比直截了当的批评更能使孩子乐于接受。

比如，有的孩子喜欢在墙壁上到处乱涂乱画。如果强行制止她，正在兴头上的女孩子根本就不会听。

如果妈妈这样说："宝贝画的真好看呀，妈妈怎么看也看不够，如果能画在纸上，妈妈把它用个镜框装起来，把它保存下来，妈妈什么时候想看就可以看，你说好不好??"这样，既保护了孩子的作画兴趣，又明白了自己的错误所在。

又比如，孩子懒于自己收拾房间，如果把"你看你房间多乱，什么时候都不知道整理一下。"换成："今天有位叔叔来我们家，参观你房间，你知道他说什么吗？他说，你的小姑娘人长得漂漂亮亮的，还非常勤快。可这房间却这么乱这么脏，哪会是你家小公主的房间呀？"孩子听了会觉得不好意思，就会收拾起来。这样既保护了孩子的自尊心，又改正了不良行为。

批评孩子还要公平。最简单的批评，就是让孩子为自己的行为负责。比如，如果女儿总是不停地让妈妈买这个买那个，就应当让她知道，妈妈赚钱是很辛苦的，不应该随便浪费。而这样的批评，并不存在不尊重或伤害。

对孩子造成伤害的批评，往往是由于我们忽略了自己该告诉孩子的重点是什么。如果女儿买什么东西，我们可能一时气极说，整天买东西，不能买，真是个没出息的孩子！这样就会把一件具体的事，扩大到"没出息"和"好孩子"的区别，给孩子留下长远的影响。

4. 如何让女儿对你说出心里话

"我女儿从来不和我说话，真是气死我了！"

"我家女儿就是不喜欢跟我聊天，我也不知道她一天到晚想的是什么？"

"我也经常对女儿说：'有什么心里话就跟妈妈说。'可她就是从来也不说，还经常跟我对着干，真让人生气！"

如果女孩不肯和家长说心里话，家长就无法了解孩子心里的真实想法，也就无法对孩子进行有针对性的有效引导。当孩子不肯跟家长说心里话的时候，是亲子关系出现严重问题的时候。

都说"女儿是妈妈的贴心小棉袄"，可是，为什么女孩子都不愿意跟家长说说自己心里的想法呢？

其实，不是女儿不愿和父母说自己的心里话，而是家长自己将女儿的心灵封闭了起来。

小雯因为一点小事在学校跟别人打了架，老师打电话给小雯的妈妈。回到家，气急败坏的妈妈不问青红皂白就数落了女儿一顿。

小雯刚想辩解两句，妈妈更生气了，吼道："你还嘴硬，跟别人打架你还有理了？你说你一个姑娘家和别人打什么架呀，真是气死我了！"

小雯再也不说话了，只是狠狠地用眼睛瞪着妈妈。虽然自己打架不对，可是妈妈根本不听自己解释，心里自然一百个不服。

你看，当孩子想要和妈妈沟通的时候，妈妈却生硬地将女儿堵在了沟

通的大门之外，女儿又怎么和妈妈说出自己的心里话呢？

也许，孩子真有自己的理由呢！面对妈妈的不理解，如何让她跟妈妈说出自己的心里话呢？

其实，孩子都很愿意在家长面前表达自己的，尤其是年纪小的孩子，她们喜欢把自己的一切都告诉家长，让父母跟她们一起分享快乐，分担痛苦。可有时候家长只愿意听和学习有关的事情，如果女孩说些自己感兴趣的事情，妈妈就很不耐烦："你一天到晚就是叨叨这些个破事，能不能说说学习的事啊！"

如果父母总是像小雯的妈妈一样，开口就是指责，孩子要辩解，家长又免不了要长篇大论地说教。怎能期望女儿会给家长说心里话呢？

另外有些家长期望太高，总是唠叨孩子，抱怨孩子笨，看见孩子玩一会就着急，孩子每天都感受着家长这样强烈的"爱"，日久天长，心中便产生压抑之感，心情自然无法舒畅，学习效果可想而知。面对那一双时刻监视她的眼睛，她又怎能提起和家长说心里话的兴趣呢？

那么，怎样才能让女孩说出心里话呢？解铃还需系铃人，要想让女儿在自己面前打开心扉，还要家长多多努力：

第一，要理解女儿

孩子犯了错误，家长不要急着批评孩子，要站在孩子的角度考虑一下孩子为什么这样做。孩子感觉到父母对自己理解，心里就向家长走近一步，会感觉家长是来帮助自己的，而不是指责自己的，以后有什么心里话她都愿意跟家长说一说了。

第二，学会倾听

不管孩子说什么，父母首先要做个好听众。倾听女孩的诉说，既不意味着你认可她的情绪，也不意味着你纵容她的行为。你只是在帮助她摆脱不良情绪，孩子只在极度烦恼时才会对你抱怨，你的倾听可以逐渐减弱不良情绪对孩子的控制。一旦完成整个倾听过程，孩子自己的良好判断力就会得到恢复。

于馨今年上小学六年级了，这段时间妈妈很是烦恼，因为女儿放学回家总爱发牢骚，说不喜欢学校的数学老师啦，老师说她解题思路不对了，说爸爸妈妈给她压力啦，说不想补习英语了，说马上要期中考试压力大啦怎么怎么的……不过有时她也说爸爸妈妈并没怎么给她压力，确实，在学习上面，于馨的爸妈很少给女儿压力的，他们也从不要求她必须怎么样或是达到什么样的要求，向来是鼓励的多批评的少，但最近不知怎么了，于馨总爱发牢骚，很小的一件事都能让她说上好几次。好在妈妈很有耐心，每次都好好地听完女儿的抱怨，在女儿抱怨完之后，就回应道："好吧，我已经听完你的问题了。那么你认为我们该怎么解决？"而从不用生气或讽刺的语气，只是鼓励孩子自己想出解决问题的办法。奇怪的是每次女儿抱怨完之后就说："没事了，我只是想跟你说说而已，我出去玩了，妈妈"。

第三，包容孩子

我们每个人都无法做到十全十美，更何况孩子呢？成长中的孩子年龄小，经验少，会经常犯些小错误的，这是一种很正常的现象。不管孩子犯了什么错，家长要学会包容，要让孩子相信，谁都会犯错，只要改正了就是好孩子。表扬她以前做的一件善事，让她相信自己能变成真正的好孩子，这很重要。当孩子犯了错误时，家长要就事论事，找到处理的具体办法，千万不要随意给孩子贴标签，批评孩子的品格。比如有孩子逃学了，家长就说她是个坏孩子；有孩子撒了一次谎，就说她是个不诚实的孩子等等。

第四，态度要和气

女孩的心是最敏感的，她能从家长的语气中辨别出你是真的对她好还是别有用意。有时候，家长自己觉得，我说的话明明为孩子着想，而孩子却不领情；有家长平日对孩子太凶，偶然一日想夸夸孩子，孩子却说："你别来这一套，我知道你心里想的什么！"家长如果学会心平气和地真诚地和孩子交流，就会让孩子感受到真正的家庭温暖，喜欢爸爸妈妈，才会把心里话说给他们听啊。

第五，平等相处

家长与孩子如果真能做到平等相处，就很容易成为朋友，孩子就喜欢跟家长说心里话了。有的家长总是高高在上，孩子有了错横加指责，自己犯了错却不让孩子说一句。这样一来，孩子感觉不到平等，心里就不平衡，不听家长的话是避免不了了。放下家长的架子，和孩子平等相处，就容易走进孩子的心灵。

5. 做女孩的榜样

很多父母总是想要找到教育好孩子的"灵丹妙药",其实,这副"灵丹妙药"就是自己。

女孩是最善于模仿的,她们通常通过模仿来认识这个世界。

有一位教育学家说过:"教育孩子的实质在于教育自己,而自我教育则是父母们影响孩子最有力的方法。"

中国有句古话叫做:"近朱者赤,近墨者黑",小女孩的好品质是在受感染、被熏陶中潜移默化形成的,而不是靠枯燥、粗暴的说教训斥培养的。父母就是一面时刻立在女孩眼前的镜子,女孩们常常是通过"照镜子"的方式,在不知不觉中"修改"自己言行的。父母的一言一行都要给女孩做好表率,这样女孩才能跟在父母后面学习他们的优点,改正自己身上的缺点。

早上,李霞坐着爸爸的自行车去上学。可能爸爸急着送完李霞后去上班,一路骑得飞快。在路过一个十字路口的时候,恰巧亮起了红灯。爸爸看看左右没有车,也没有警察,就飞快地冲过了路口。冲过路口之后,李霞对爸爸说:"爸爸,红灯不能走的呀,绿灯亮时才可以过路口。你怎么看见红灯还要往前骑呀?"

这时爸爸感到很不好意思,因为他知道自己的确做错了,最后不好意思地说:"你说得很对,爸爸刚才没看到红灯,宝贝以后要提醒爸爸。"

把女儿送到学校后,李霞的父亲还在琢磨女儿的话,他感到非常懊悔,因为他闯得不仅是交通红灯,同时给女儿做了一个坏榜样。

家庭是女孩最基本的生活和教育单位,父母是这个教育单位里的老师,一言一行,一举一动,都有可能成为孩子的模仿对象。女孩子看到母亲日夜操劳,勤劳俭朴,便学会了关心体贴,勤俭持家……父母对孩子的教育就是这样的,如春风化雨,润物无声。教育孩子的真谛是父母要成为孩子的榜样。英国心理学家希尔维亚克莱尔在《控潜能》一书中说:"如果你自己都不准备去有所成就,你也不能期望你的孩子去做什么。"

因此,面对女孩,父母要特别重视榜样的作用,时时处处为孩子树立好的榜样。当抱怨孩子这不对那不好的时候,父母应该先反思自己:让女儿不要攀比,我拒绝虚荣了吗?让孩子坚持锻炼身体,我坚持了吗?让孩子感恩父母,我孝敬父母了吗?让孩子必须多才多艺,我多才多艺了吗?让孩子好好学习,我继续学习了吗?"己所不欲勿施于人",如果连自己都做不到,或者不想做的事情,而要求孩子做到或者去做,那么,这样的教育能成功吗?

安安才5岁,可已经是一个地地道道的"夜猫子"了,每天晚上都要待在电脑前看动画片、玩游戏到12点钟,任妈妈怎么说,都不愿睡觉。妈妈害怕这样对于孩子的健康不好,有时候就强制安安去睡觉,可是安安总说:"爸爸还没有睡呢!"

妈妈实在受不了女儿这样的作息习惯,就埋怨起老公:"女儿的习惯和你一模一样,你有好接班人了!"

原来,安安的爸爸习惯晚睡,每天都抱着电脑玩游戏玩到12点钟,结果,把小小年纪的安安也给培养成了一个"夜猫子"。

前苏联教育家苏霍姆林斯基曾经说过这样两段话:"父母对自己的要求,父母对自己家庭的尊敬,父母对自己一举一动的检点,这是首要的和最基本的教育方法。"

"没有父母的榜样,没有父母在相互关心和尊敬中表现出来的爱的光

和热，儿童的自我教育是不可想象的。只说'是'，那不是教育，'打'的结果更糟，最重要的是以身作则，给孩子作好榜样。"

　　一个孩子的学习态度如何，道德品行如何，与其父母的榜样作用有着直接的关系。在很多情况下，有什么样的父母，就有什么样的孩子。要不有一句话会说："种瓜得瓜，种豆得豆"，父母爱学习，孩子就爱学习；父母性格开朗，孩子也会每天乐呵呵的；父母乐于助人，孩子就乐于助人；父母能够干出一番事业，孩子就能干出一番事业。

　　这样的看法虽然有点太绝对化了，但却一定程度上证明：父母是孩子的老师。也难怪大教育家都要父母做好孩子的好榜样。

　　父母的一言一行，犹如一本没有文字的教科书，会潜移默化地对孩子产生终生的影响。在孩子面前，父母的思想品德到生活小节，都不是小事。父母的一言一行，一举一动，孩子都会看在眼里，对父母产生崇敬，并以父母为榜样模仿效法。言传不如身教，父母的行为对孩子的影响深远。父母想使孩子成为怎样的一个人，自己就得先成为那样的人，要时时刻刻严格要求自己，事事都给孩子起榜样作用。

6. 做"听话"的父母

在父母的心目中,听话,乖,文静,是女孩的专用名词。父母希望孩子听话,可孩子也希望父母听话,也希望父母不要太固执,能够听听自己的话。

聪聪在妈妈眼中是一位极不听话的女孩。有一次,妈妈和几位朋友吃饭,菜都上来了,聪聪突然要妈妈去玩具店给自己买一个会跳舞的娃娃。妈妈告诉聪聪吃完饭再去。可是聪聪却死活不答应,不停地纠缠妈妈,和妈妈闹起了别扭,搞得大家都很烦恼。大家都在劝说聪聪等到吃完饭再去,希望她吃饭。可是这小丫头就是一口也不吃,一句劝也不听。

后来,还是一位阿姨想了一个巧妙的方法,要和聪聪一起跳个舞再吃饭。可聪聪说要把鞋子脱了跳。妈妈又坐不住了,赶紧拦住:"鞋子脱了怎么行,地板多凉呀。"聪聪不干,非要脱了鞋子跳。妈妈怎么都不允许她脱鞋子,朋友劝她说:"没事,脱就脱吧,地上很干净的,也不是特别凉。"可妈妈就是不同意,没有商量的余地。聪聪就继续闹着要她的跳舞娃娃,什么也不吃。

结果,一顿饭让这母女两个搞得很无趣。

这该怪聪聪吗?有如此不听话的妈妈,又怎么能够让女儿听话呢?如果父母想要女孩事事都顺从自己,女孩心里就会产生逆反心理,"不听话"就是她们最有力的武器,虽然比较消极,但是百试不爽,十分有效。如果

经常这样，孩子就会形成极端思想，发展为一种偏执。

实际上，如果仔细分析，就会发现人们习惯于要求女孩"听话"，表面上是为了孩子好，实际上是家长对于孩子的一种歧视，是家长不愿平等地对待孩子的一种表现。孩子再小，心里也有自己的主张，父母要做的就是要鼓励孩子的这种主张，才能够让孩子有自信，能够独立做事。要做到这一点，父母就要反其道而行之，要做"听话"的父母。

小小是个仅仅两岁多的孩子，但是却很乖巧，邻居们都说她很好带，很懂事。了解小小家庭的人都知道，小小的"懂事"，是因为小小父母"听话"的结果。小小的爸爸妈妈都很疼爱小小，小小只要是正当的要求，小小的爸爸妈妈都会满足。

和妈妈去超市的路上，小小看到什么感兴趣的就要过去看看，摸摸，超市附近的阶梯每次走到那里都要上下几个来回。几分钟的路要走半个小时，而妈妈只要不是特别急，就跟在女儿的后面慢慢地走，不催促女儿。到超市后，别的孩子都是坐在购物车里，让大人推着，而小小每次都是自己推着购物车购物，只要妈妈说买什么就自己推着过去拿，每次逛超市都是妈妈听话地跟着女儿四处转悠。女儿根本不让妈妈碰她的购物车。女儿逛累了，就推车到卖果汁的地方拿果汁，自己挑的，什么口味也是她自己决定，妈妈都听她的，女儿总是挑她平时喜欢喝的。

有一次，小小跑到厨房，非要玩电饭煲，当时刚吃完饭，盘子碗都在锅里堆放着。由于电饭煲在一张小桌子上放着，小小个子比较小，踮着脚，几乎要把锅给掀翻了。小小的爸爸也不怕小小会把衣服弄脏，也不怕把盘子碗打碎了，就把锅端到地板上，任由小小去摆弄。小小就蹲在地上，抱着电饭煲有滋有味地玩了起来。

用小小妈妈的话来说，就是："衣服脏了可以洗，盘子碗破了可以再买新的，就为了这一点微不足道的理由，就阻止了孩子这样一次充满乐趣的尝试，实在有点得不偿失。"

爸爸妈妈的宽容，并没有把小小变得骄横、唯我独尊，反而特别善解人意。有一次在超市，小小非要喝可乐，小小的妈妈就告诉小小，说可乐喝了对于身体没有好处,不能喝的,还是喝果汁吧。小小就非常自觉地对妈妈说:"那小小就不喝了,小小喝了会肚子痛的,是吗,妈妈?"

如果对比一下聪聪妈妈和小小妈妈对待孩子的态度,就知道聪聪和小小为什么差距这么大了。差距不在孩子身上,而在父母身上。所以,家长要学会"听话",孩子的话都是孩子的心声,这正是父母了解孩子内心活动的最好时机。父母不仅要听话,还要想办法引导孩子将内心的想法说出来,这才是父母正确的做法。而不是不分青红皂白胡乱地训斥两句,或不痛不痒地安慰两句。不了解孩子,不解开孩子的心结,孩子就不会变得"听话懂事"。想要有个听话的好孩子,首先一定要在孩子面前做一个听话的家长。

当然,做"听话"的家长绝对不是对孩子言听计从,不能突破道德底线。对于孩子那些没有礼貌的发号施令、没完没了的无理条件'粗鲁无礼的话语等,一句也不能听,否则就是对于孩子的一种娇惯,一种纵容。

第七章 怎样说女孩才愿听

懂得女孩，教好女孩

7. 让女孩多了解父母

都说女儿是爸爸妈妈的贴心小棉袄，懂事的女儿很能体谅父母的不易。可多数时候我们的父母却不愿让女儿过多地了解自己。当女孩问父母什么事情的时候，我们的父母总是说"你长大后自然就知道了"、"大人的事小孩子别问"……一直以来，在不少父母的观念中，孩子就应该与成人世界"划清界限"。

其实，这是教育的一个误区，孩子只有多了解父母，父母才能够更多地得到女孩的认同，从而使家庭关系更加和谐。但是父母一般很少让孩子了解自己的世界，却希望孩子对自己无所隐瞒。这种不平等的关系往往会成为和孩子沟通的一道屏障。

爸爸常年在外，妈妈一个人带着欣欣，很是辛苦。妈妈为了不让女儿吃苦，千方百计地满足女儿的需要，虽然自己每天都很累，可她每次下班回家还要装着很轻松的样子，面对女儿。

小时候，欣欣还总是问妈妈："妈妈，上班辛苦吗？我给妈妈倒杯水吧。"每当这个时候，妈妈就急忙说："妈妈不辛苦，欣欣玩去吧，妈妈自己倒水喝。"时间长了，欣欣就没再问过妈妈上班是否辛苦的话，也没再帮妈妈倒过水。因为在欣欣的概念里妈妈并不辛苦，不需要自己帮忙。

现在欣欣长大了，妈妈发现女儿很是自私，一点都不体谅自己，妈妈有时实在太累了，让她帮忙做点家务，她就说："你上班又不累，很轻松的,自己就能做,干吗叫我帮忙呀。"妈妈很生气,不知道自己含辛茹苦养大的女儿怎么这么不理解自己。

如果孩子想要了解父母的世界,询问父母"工作是不是很辛苦"的时候,父母要认真地考虑一下,应该怎么和孩子谈一谈。如果仅仅只是用搪塞的方法来回应孩子,那就等于将孩子对父母的关心推开,等于对孩子关闭了一扇了解自己的窗口。

事实上,让孩子多了解父母,多了解父母的不易,表现了对孩子的尊重和信赖,可以让孩子觉得父母更亲近,从而增进父母与女孩之间的感情。

茵茵今年才10岁,可非常懂事,她从来不要妈妈给自己买漂亮衣服,或者要求妈妈带自己去肯德基麦当劳。这些都源于女儿曾经亲身体验过一次妈妈是怎么赚钱的。

那时茵茵刚上小学,总是吵着要妈妈带自己去麦当劳吃汉堡包。但是妈妈不愿带她去,她不想让女儿从小就养成乱花钱的习惯。在经过一番考虑,她想出了一个办法,决定带女儿去体验一次自己的工作。

当时茵茵的妈妈除了本职工作外,还兼了两份工,其中一份是在一家超市做促销员。周日一大早,妈妈就把女儿从被窝里叫了出来,急急忙忙吃点饭,就乘坐公交车到妈妈上班的超市去了,下车后又步行了半个多小时才到超市,茵茵觉得自己的脚都走酸了。

茵茵从早起到赶车再到步行,最后在超市里呆了几个小时,她见到妈妈不停地理货,不停地给顾客介绍产品,一刻也没有休息。而自己在超市里闲逛都逛累了。

回家的路上,她问妈妈:"你这么辛苦,一天能赚多少钱呀?"

妈妈微微一笑:"嗯,大概70元钱吧。"

茵茵感到非常吃惊:"才这么一点呀?还不够咱们吃顿麦当劳呢!"

从那以后,茵茵好像一下子懂事了,再也没乱花过钱。

懂得女孩，教好女孩

你看，如果让孩子了解父母真实的成人世界，就能够促进父母和孩子之间的沟通和理解，许多事情不再需要父母去唠叨，孩子都会自觉自愿，甚至任劳任怨地去做。正是在这样的了解当中，孩子才会更加敬重自己的父母，从而也对自己要求更严格。

父母应该让女孩认真想一想，父母每天不仅要做好自己的工作，还要费尽心思照料好全家人的生活。即使面临着工作和家庭经济压力，也很少跟女孩提起，实在是很不容易。所以父母空闲的时候，可以给你的女孩讲讲工作的情况，让女孩了解你们的艰辛。无论父母从事什么职业，都是靠自己的双手在劳动，都是凭自己的本领在吃饭，都值得孩子敬重。孩子对父母付出的辛劳越了解，才越会从心底里相信和敬重父母，才会真正想着去孝敬父母，感恩父母。

第八章

不要让女孩子走错了路

　　"犯错误"是孩子成长中的必修课,只有修够一定"课时",他才能真正获得举一反三、自我反思、自我完善的能力。父母要理解"过失"的价值,看到在孩子成长中,他的"过失"与"成就"具有同样的正面教育功能。

　　　　　　　　——《好妈妈胜过好老师》作者　尹建莉

懂得女孩，教好女孩

1. 女孩没有主见怎么办

女孩长大成人以后，无论从事什么职业，都要有一些事情需要自己决断、拿主意。有主见的女孩在一个团队、集体或单位中，决策的机会更多，获得成功的机会更大。但是有些女孩做什么都缺乏自己的主见，总是依赖别人给她出主意，或者随大流，让父母很是担心。

这样的女孩往往和父母的教育有关，好多时候是因为从小发表自己意见的权利给剥夺了。比如在日常生活中，所有的事情父母都是自己决定了，女孩只需要按照父母说的去做就可以了。这样教育出来的女孩会很听话，很乖，在别人眼里是个乖乖女，但是却从来不知道自己做决定。

依婷是一个从小在爸爸妈妈的精心呵护下长大的女孩，是公认的乖乖女。父母对依婷是宠爱有加，自小到大依婷所有的事情都不用自己操心，父母都会为她安排好。

在依婷4岁的时候，有一次妈妈带她去商场买衣服，依婷想要蓝色的，可妈妈非说红色的好看，依婷想坚持自己的想法："妈妈，我还是想要蓝色的，我的衣服好多都是红色的。""乖女儿，红色的才漂亮，你穿红色的好看，听妈妈的没错。"说着妈妈就不顾依婷的反对，买下了那件红色的衣服。吃水果的时候，依婷想吃橘子，妈妈说："吃苹果，橘子上火，苹果有营养，听妈妈的。"说着就把苹果塞到女儿手里，把橘子拿走了。

上小学了，依婷早上起来，刚想找自己喜欢的衣服穿，妈妈就给她准备好了另一套："婷婷，穿这一套，像个小公主，听妈妈的"。说着就帮女儿穿上了。在学校里，每当有人欺负依婷时，妈妈就会出面帮着交涉，根本用不着依婷操心什么。

随着年龄的增长，依婷也越来越乖巧，对父母的依赖心更重了，很少再发表自己的意见，妈妈说什么好就什么好，凡事都征求妈妈的意见。与其说征求意见不如说是让妈妈做决定，拿主意。妈妈帮依婷安排得越来越多，报考哪个学校，选什么专业。甚至依婷毕业之后，妈妈连问依婷的意见都没有就托关系给安排工作了。依婷虽然不喜欢这份工作，但也没说什么，她认为妈妈的安排应该是对的。

工作的事情解决了，爸爸妈妈又来为她操心婚姻问题，竟然背着依婷去相亲大会替女儿相对象，感觉好的再让女儿去看看。可依婷因为在学校时处了一个男朋友，所以对父母安排的就没上心。后来告诉了妈妈自己有男朋友。但因为是外地的，妈妈死活不同意，坚决反对女儿嫁给一个外来的男孩。在妈妈的劝说下，依婷接受了妈妈的安排，嫁给了一个在银行上班的男孩。

现在的依婷很不幸福，老公脾气不好，她总是受气，让依婷很后悔当初不该那么没有主见，什么都听从妈妈的安排。见女儿生活得不幸福，依婷的妈妈也后悔不该当初替女儿做决定。

依婷的一切都是父母包办代替，衣来伸手饭来张口，依婷怎么会有主见？怎么会自己独立？所以作为父母，如果想女孩有主见，就应该给女孩机会锻炼。如果，她的事情没人替她出主意，她自己就会想办法，如果父母在孩子小时候就开始做这方面的培养，就不会出现这样的问题了。作为父母应该还给女孩选择的权利，女孩自己可以做主的事情让她自己来决定，当她发现自己可以做决定的时候，她就会认真去思考，慢慢也就会有自己的思想，也就会有主见了。

有智慧的父母会让女儿做一个有主见，独立的女孩。即使面对女孩错误的决定，也会积极地与女孩沟通："女儿，你如果不接受我们的决定，可以按自己的想法去做。但是，我们还是希望你再想一想这样做会有什么样的后果，而不管什么样的后果，你都要负责的。"如果父母这样讲，女

孩一定会冷静下来，仔细想一想，从而决定是不是要听取意见。

露露是一个遇事有主见的女孩，这使得她常常成为一群孩子的中心人物。这要感谢妈妈对于露露的"放手"。

在露露上学后，妈妈告诉她，她已经是大姑娘了，什么事都要自己有主意，爸爸妈妈只是在必要的时候协助她。刚开始露露还不太适应没有爸爸妈妈帮助的生活，但过了一段时间，露露就变得遇事非常有主见，不再盲从，而且一点也不任性。

在露露上四年级的时候，有一天放学回家，她对正在做饭的妈妈说："妈妈我想要50元钱。"妈妈很吃惊，因为露露很少一下子要这么多钱的。

看到妈妈满脸的疑惑，露露接着说："明天我们学校要去参加美术竞赛，我需要买一些画纸、颜料、画夹之类的东西。"

妈妈问："没听说你会画画啊，在哪儿学的？"

露露说："这几个月我参加了学校的美术兴趣班，每天下午第四节自习课学40分钟，不过你放心，我保证不会影响功课的，每天作业完成之后才过去学习的。"

妈妈就问："给你50元钱够用吗？"

露露肯定地答道："够用。老师说了，买一般的就可以了，50块钱，应该差不多。"

虽然妈妈心里有点埋怨女儿的先斩后奏，但想到女儿这么有主见，心里还是挺高兴的，很爽快地给了露露50元钱。

孩子缺乏主见主要是由于父母过于强势，一味地要求、一味地打击孩子，这样会造成孩子心理上的自卑。从根本上说，是在慢慢毁掉孩子的自信心。要知道，孩子的成长动力，来自心理上不断做出的自我肯定，过分苛求造成孩子失去安全感，心理压力增大，就会不敢表达自己的意见，久而久之就会缺乏主见。

那么，应该怎样帮助女孩成为一个有主见但又不任性的孩子呢？

首先，父母要学会放手，女孩没有主见的主要原因就是因为父母包办过多。父母的过度包办，使原本应由女孩自己做主的事情都让父母做主了，所以，父母要学会把权力还给女孩，该让女孩自己做决定的事情就要让孩子自己做决定，这样才能够让女孩学会选择，拥有自己的主见。家里的大事、小事鼓励女孩参与决策，告诉女孩她的意见对于家庭很重要，这样可培养女孩的思考决策能力，又可增强女孩的归宿感。当然，在女孩做得不对的时候，父母一定不能放任孩子错下去，要给予正确的指导。

其次，培养女孩的自信心。有的女孩之所以没有主见，就是因为没有自信，看不到自己的能力，认为自己干什么都不行，总觉得不如别人，对自己力量的认识和可能达到的成就估计不足，完全从属于别人的评价。因此，做父母的要多肯定女孩各方面的表现，不要打击她的信心。女孩发表意见或有自主行为时，无论是多么幼稚和错误，不要给予批评、指责等负面评价，挫败感觉会让女孩停止这种尝试。在孩子犯错时，引导她思考吸取经验，鼓励她下一次做得更好。

最后，还要提高女孩的能力。能力提高了，就能够将事情办好，自然就会有充足的自信自己做主，不盲目地随从别人了。

2. 女孩任性怎么办

现在，父母大多过于宠爱孩子。孩子要什么，父母就满足什么，可谓百依百顺。这样的结果就是使孩子很任性。一旦孩子的要求没有得到满足时，便会大哭大闹，直至达到目的为止。

殷殷是个漂亮的小姑娘，小时候非常听话，所以家人都很宠爱她，她有什么要求，家人都满足她。

慢慢地，她的话就成了"圣旨"，吃、喝、玩、乐全都由着她的性子，半夜急着吃鸭肝，爸爸就得赶紧跑到大街上去买。稍有不顺心，就哭闹、打滚。后来，谁也管不住她了。

有一次，殷殷在小区花园里玩到天黑都不愿意回家。妈妈急着回家做饭，抱起她就要往家走，殷殷在妈妈怀里又打又抓又踢，一副要拼命的样子，妈妈真是又羞又恼，却毫无办法。

其实，孩子任性主要是大人造成的。现在的孩子大多是独生子女，往往是五六个大人围着一个孩子转。大人给孩子太多的爱，满足了孩子太多的无理要求，如果有可能的话，孩子要天上的月亮大人也会去搬梯子的，结果造成了孩子以"自我为中心"的心态，形成"我要什么就有什么"、"要什么大人都会想法满足"、"爸爸妈妈神通广大，无所不能"的思维定式，任性也就成了孩子的通病。如果不满意就会大哭大闹，直到父母屈服为止。

晚上,电视里正在播放果粒橙的广告,立刻勾起了潇潇的欲望:"我要喝!"

"现在这么晚了,商店已经关门了,明天再去。"妈妈说。

"不行,我现在就要!"潇潇固执地说。

"不行,都该睡觉了,明天再喝。"妈妈坚决地说。话音刚落,就听到潇潇哭了起来,边哭边从手指缝里看妈妈的反应,哭了一会儿见妈妈没有理会,就开始喊,让家里的人都听见。

她见妈妈还没有去买的意思,就使出了最拿手的一招,倒在地上打滚,还用脑袋去撞地。

潇潇这一闹,爷爷奶奶按捺不住了,只听爷爷说:"好孙女,可别撞疼了,爷爷这就去给你买。"

潇潇又一次胜利了!

你看,孩子大哭大闹大人就屈服让步,屡试不爽之后,孩子就会形成一种折腾大人的行为模式,并愈演愈烈。在这场与父母的拉锯战中,孩子成为百战百胜的赢家,并在一次次地命令父母、战胜父母中享受快乐。

面对孩子的任性,如果父母耐着性子采取亲和、抚爱、哄劝的方法,反而会使孩子更加哭闹不休;采取粗暴的方法,急躁地打骂孩子,仍然难以阻止孩子的任性。最好的方法就是采取"冷热处理"相结合的方法。用"冷处理"打掉孩子的嚣张气焰,用"热处理"使孩子明白事理。

如果孩子开始哭闹,父母就采取"冷处理"的方法,你哭你的,你闹你的,不能吃的东西就是不能吃,不能要的东西就是不能要,不能迁就孩子,孩子看到哭闹这一招不灵的话,就不会那么任性了。

有一次就要吃饭了,可云云非要吃冰棍不可,妈妈拒绝了她,云云就大声哭闹起来。妈妈给爸爸使了个眼色,就先后走进卧室,把她一个人留

在客厅。

开始,云云仍然大声哭喊:"给我冰棍!我要冰棍!"过了一阵,哭声低了下来,她推开卧室的门走过来,嘴里还嘟囔着要冰棍,但爸爸妈妈就当没看见她进来,没人理会她,她就又回到客厅继续小声地啜泣。又过了一会,听不见声音了。

爸爸妈妈出来一看,她正在那儿玩她的积木呢!妈妈没说什么,就当什么事都没发生一样,把饭端上来准备吃饭,云云见妈妈把饭端上来了就乖乖地坐凳子上吃饭去了。

就这样,云云闹了几次后,感觉没什么效果,以后就很少出现这种行为了。

当然,等到孩子冷静下来的时候,就要采取"热处理"的方法,与孩子平等地交流,让孩子明白自己的错误。孩子认识到错误以后,大人要给予肯定和鼓励。然后还要和孩子讲讲她做错事的原因,也可让孩子复述一下错误的原因,这就是"热加工"。

孩子比我们想象得要聪明,她们很会察言观色,当她们发现自己的无理要求大人不答应,而招式在大人这里也不管用的时候,就知道自己的要求可能是不合理的,就会自己安慰说服自己,让自己放弃。当然,对孩子合理的要求大人一定要尽量满足,不要等孩子发完脾气后再给予满足。

有一天,珂珂从学校回到家时,妈妈正在写教案。她凑过来要妈妈给她讲故事,可妈妈实在是急着忙自己的事,给她讲道理也不听,一个劲地缠磨自己,妈妈忍不住发起了脾气。珂珂很伤心,一开始默默地流泪,见妈妈没理她,就更委屈地哭起来,妈妈看珂珂哭得很伤心,就心软了,放下手中的工作哄珂珂,却怎么哄也哄不住,折腾了半天,最后还是给她讲了个故事才算安静下来。妈妈后来想想,觉得很对不起女儿:她一天没见到妈妈了,自己为什么就舍不得那点时间来满足她的合理要求而要等她犯性子呢?以后,妈妈会认真抽时间满足她的一些合理要求;实在太忙的时候，就不等孩子提出要求，先对珂珂说明情况，得到她的理解。这样，珂珂觉得受到了尊重，很少再跟妈妈犯拧。

父母以合理的方式及时满足孩子合理的需要可以有效地防止孩子的任性。如果实在满足不了要请求孩子予以谅解，孩子都是懂事的，一般都会体谅的。

对于孩子的任性，最愚蠢的做法就是，等孩子任性发脾气了再来答应孩子的要求。这往往会使孩子认定哭闹是让父母妥协的方法，是在强化她的不合理要求。这是一定要避免的。

第八章 不要让女孩子走错了路

3. 女孩害羞怎么办

女孩过于害羞是父母们很担忧的问题，父母们急于找到帮助女儿克服害羞心理的方法，使女儿能够正常地和每一个人交往。

萱萱是一个特别害羞的女孩，她总是在教室里安静地坐着，从来不多说话，老师和同学们有时甚至感觉不到她的存在。她没有要好的朋友，所以经常自娱自乐。有陌生人和她搭话，她就会满脸通红，好像是要快哭出来的样子，藏到妈妈的身后。

萱萱的爸妈现在已经开始担心萱萱的性格，他们希望孩子如果有问题，就举手提问，有需要大人帮忙的就说出来，但是萱萱总是静静地坐着。

有一次，妈妈领着萱萱去麦当劳，萱萱想再要一杯可口可乐，妈妈就让萱萱自己到柜台买，但是萱萱不愿意，和妈妈争执了快20分钟，最后妈妈教她怎么说，练习一番之后才走到柜台前说出了她的要求，但是由于萱萱的声音太小，服务员没有听清楚，让她再说一遍，萱萱竟然哭了起来。

有很多女孩就像萱萱那样特别地害羞，令父母担心，她们在家里一点问题都没有，但是一旦站在别人面前，就不敢直视对方，话也说不清楚。

害羞是女孩们固有的个性之一，所以没有必要过分关注，或试图强制性地改变，但是如果孩子过于害羞以至于不能和其他人相处，就会给自己的交往和学习带来很多麻烦。

对于怕羞的女孩，最有效的办法就是正面的鼓励和肯定。多鼓励孩子，不责骂孩子，尤其是孩子做错事的时候也要宽容对待，这样女孩的胆子就会逐渐大起来，就不再害羞，不再怕和别人打交道了。

玲玲是一个特别自信和阳光的女孩，而且弹得一手好钢琴，在很多人面前表演也从不胆怯。

其实，玲玲小时候也是一个很害羞的女孩子，她的全部课余时间都用来练琴和阅读书籍了，但是却从来不敢给客人弹琴，总怕弹得不好，被别人取笑。

妈妈发现了玲玲的问题，就有意识地帮助玲玲克服害羞的毛病。每当家里有客人的时候，妈妈总会说："我们玲玲的琴弹得可好了，让她给你们弹一曲，保准你们听了还想听。"在妈妈的鼓励下，玲玲开始大胆地给客人们弹琴。即使有时候弹得不流畅，妈妈也会鼓励玲玲坚持下去。

当着客人弹琴的经历，使玲玲越来越自信，在客人面前弹得越来越流畅，获得客人越来越多的掌声，自己也终于不再害羞了。

对于害羞的孩子，要抓住孩子的优点进行表扬，帮助孩子克服自卑，鼓励孩子勇敢地表现自己、张扬个性。这样就能使孩子克服胆小害羞的习惯，变得大方开朗、热情阳光。

除了鼓励孩子的自信，父母还要给孩子多创造锻炼的机会，让孩子多和外界交流，让孩子学会争取，鼓励她说出自己的想法或者愿望。让我们看看贝贝妈妈是怎么做的：

贝贝也是一个很害羞的女孩，说话从来不敢大声。

有一次和妈妈一起逛商场，在卖玩具的地方玩，妈妈看快中午了，就准备带贝贝离开商场回家吃饭，就在要走过卖玩具的地方时，贝贝拽住妈妈的手说："妈妈，再玩一会好吗？"妈妈知道，贝贝并不是很贪玩的孩子，何况已经玩了大半天了。妈妈看出了贝贝的心思，她只是想要柜台里那个可以更换好多套衣服的民族小公主，不过，妈妈没有主动买给她。只

是停下看着贝贝一脸渴望地望着那个漂亮的小公主。过了一会,贝贝见妈妈没反应,实在忍不住了,就用只有她自己听得到的声音说:"妈妈,我想要……买一个东西。""买什么?你大点声音,想要什么说出来,妈妈没听到怎么给你买呀?""我要这个漂亮的小公主!"贝贝终于鼓起勇气大声说出来了。妈妈笑了笑,就毫不犹豫的给贝贝买了她喜欢的民族小公主。贝贝得到了她想要的。

从这以后,贝贝逐渐变得爱说话了,想要什么也主动说出来,她知道只有说出来了,爸爸妈妈才会帮她实现的。

贝贝妈妈的做法就很好,她知道对于女儿的心思即使能猜出来,也要鼓励她自己来说,只要是合理的要求就给予满足。每一个父母都应该这样,害羞的女孩希望得到某种东西或者机会时,面对一些压力的时候,她知道虽然争取不一定就能获得,但如果不说出来就意味着没有机会,就会失去。在多数时候,女孩就会自己讲出来,而不是期待别人来替自己说了。

4. 女孩嫉妒怎么办

女孩子往往有比男孩子更加强烈的嫉妒心理。当她们发现别人那儿有自己想要的东西的时候，这些东西无论是相貌、玩具、老师的表扬，甚至是家长的关注，她们的内心就会有一种小小的嫉妒油然而生。

最近，燕燕的小表弟乐乐来了，燕燕很不高兴，她总说爸爸妈妈不再爱她了，什么好东西都给乐乐。还常找借口揍乐乐一顿。

其实，燕燕是爸爸妈妈的掌上明珠，爸爸妈妈当然很爱她。可现在女儿却变得"不懂事"起来。只要爸爸逗乐乐玩或是妈妈抱抱乐乐，燕燕就气呼呼地说："你们不爱我了，让乐乐做你们的孩子吧"。好几次，燕燕都趁乐乐弄坏东西、淘气时故意揍他，还理直气壮地说："你怎么这么不乖！我替爸爸妈妈打你屁股！"

见燕燕总是欺负弟弟，爸爸实在忍不住训斥了她一顿。谁知女儿竟然哭了："以前我出去玩，你总叫我回家写作业，还常打我，妈妈也是。现在来了乐乐，他做什么坏事你们都不打他，从没见你们这么疼过我。你们怎么这么偏心？"

爸爸听了燕燕的话，就搂着燕燕说："爸爸是爱你的呀！不过乐乐是咱们家的客人，咱们怎么能够不尊重客人呢？"

燕燕之所以会做出"争宠"的行为，其实就是因为嫉妒，她主要是希望得到父母更多的爱。和亲戚的孩子相比，父母面对自己的孩子时往

懂得女孩，教好女孩

往更严厉，这在孩子看来就是一种偏心。不管是不是独生子女，孩子都喜欢被宠爱，渴望一种看得见的关爱。所以嫉妒爸爸妈妈对其他孩子的好。

其实，很多孩子都有燕燕这样的心理，甚至有些让人意想不到的东西都有可能诱发女孩子的嫉妒心理。当孩子嫉妒心理爆发的时候，她们的行为经常会出现一系列的变化，比如摔东西、哭泣或者说嫉妒对象的坏话等等。

如果发现孩子出现嫉妒的苗头，父母一定要及时疏导，否则会让孩子积累不满情绪，产生怨恨，即便事情平息之后，在孩子幼小的心灵中也是会留下痕迹的，久而久之，孩子就对他人失去信任，失去爱心，这是非常严重和危险的事情。

有些父母认为这种表现会随着孩子年龄的增长而自然消失，但专家指出，过分的嫉妒会影响孩子正常的心理发育，使她们在自己与别人的对比中感到自卑，既羡慕又嫉妒，妨碍孩子自信心的建立，因此家长应该在孩子的小脑袋被嫉妒所占据的时候平复她们的情绪。

面对孩子的嫉妒，千万不能批评、挖苦。因为这只能使孩子更多地丧失自尊，最后更严重地身陷嫉妒的苦海之中难以自拔。比较合理的应对方法是，佯装漫不经心地对引起她嫉妒的"背景"通过询问加以了解，语气平和，且面带微笑。

对于像燕燕的情况，父母首先要明确告诉孩子你们的爱，让孩子看到听到感受到父母的爱，例如说出自己爱她、妈妈可以亲她的脸、牵她的手、拥她入怀。

以下的方法，父母们不妨试一试：

第一，说明道理

邻居孩子成绩好，爸爸夸赞他时，刘娟就愤愤不平地说："老师包庇他。"开始爸爸也没当回事。期末考试前，邻居孩子3张复习卷找不到了，想借刘娟的复印一下，但刘娟一口咬定卷子借给别的同学了，不让邻居家的孩子复印。为了帮助女儿改掉嫉妒的坏习惯，爸爸把嫉妒的危害一条条列给她看。1. 对自己来说，嫉妒憎恨别人又无法启齿，只会让自己在痛苦中煎熬。2. 对别人来说，被嫉妒者往往因挫折反而勇敢进取更显优秀。3. 嫉妒是丑陋的。从近处说它破坏友谊，集体中互相学习互相帮助，共同进步的正气多么令人愉快，而嫉妒者不顾同学之情，朋友之谊，为发泄憎恨而干损人不利己的蠢事，结果只能被集体嘲笑和孤立；从远处说，一旦道德堕落，干出伤天害理之事，还将受到社会谴责、法律惩处。

刘娟看着满纸的"危害"，沉默了半天，第二天一早，邻居家的孩子约刘娟上学时，刘娟拿出卷子："昨天是开玩笑的，没影响你复习吧。"

第二，教给孩子博大的胸怀

安然总是发牢骚说："我的歌比她唱得好，为什么我却不能去歌咏比赛"等。爸爸就教育安然说，谁不想成功，谁不为自己的成功和优秀而高兴？而人都有长处和短处，怎么可能你一人处处都长，他人处处都短呢？说到底，矫正嫉妒心理，实际上就是抑制以自我为中心的奢欲。爸爸的话对安然触动很大，变得再也不发牢骚了，而是经常帮助同学。安然的开朗大度赢得了伙伴的友情，是班里最有亲和力的人。

第三，接纳孩子的情感

有时候孩子嫉妒是想要发泄自己的情感，需要有人倾听并能够了解她。

红娟突然和好朋友疏远了，原来形影不离的两个人现在形同陌路。原来是她的好朋友得到了一个新款手机。红娟感到"伤心和愤怒"。红娟的妈妈了解到了红娟的心情，就把她搂在怀里，给她一块爱吃的巧克力，然后耐心地听女儿诉说自己的心情。最后，妈妈只说："这看起来挺严重是吗？"就这样，红娟强烈的情绪竟然平息了，没多久就和那个好朋友玩在一起了。

孩子的嫉妒心随时会冒出来，不可能去消灭它，但父母可以通过接

纳理解它，然后运用智慧，让这种情绪转化为激发潜能的动力。

第四，让孩子体会到父母的爱

孩子嫉妒别人时，会感到自己不如别人。所以，最好的药是父母对她的爱。父母不能吝惜对孩子的鼓励和称赞，使孩子有安全感和幸福感。这样，她们就不容易被别人的好运所打动，反而会自信地发展自己的优势。更重要的是父母的爱，还能让孩子拥有大度和热情等难能可贵的性格。

第五，帮助孩子建立自信

女儿的好朋友作文特别好，几乎篇篇是范文。女儿有些不自在，当面称她"大作家"、"小鲁迅"，弄得人家很尴尬。背后又对其他同学说，她的作文好像在哪看到过的，她爸爸花钱请家教老师辅导她。因为毫无根据，反而引起同学的反感。那段时间女儿与同学关系很紧张，自己也垂头丧气的。搞清情况后，妈妈问女儿的感受，她说："内心隐隐作痛，憎恨情绪不能控制。"

妈妈告诉女儿，嫉妒是心里憎恨别人，又无法说出真正原因，靠讽刺、背后说坏话来发泄，既不会减轻妒意又不能阻碍人家进步，只让自己心里增加痛苦。所以只要自信，就能化嫉妒为进取。于是妈妈帮助女儿提高成绩，使女儿重新绽放了自信，嫉妒也就离她远去了。

5. 女孩自卑怎么办

女孩子都是骄傲的公主，既非常自尊，同时又非常自卑。自卑的人总是胆小、怯懦、孤独、沉默，不喜欢交际，缺乏知己，活动能力差，进取心不强，更多地顾虑自我，对人不够热情，经常回避群体活动，缺乏自信心。

孩子产生自卑的一个主要原因，就是有些父母的教育方法有问题。父母是孩子第一任老师，责任重大。很可惜，有许多父母在教孩子的时候，只是责骂，例如"你这个笨蛋"，"你比猪还蠢"，"你真是一个饭桶"，"你真没有用"等等。这些话，很容易伤害孩子的自尊心。自尊心一旦被伤害，就会产生自卑感。从此，你的孩子就可能会产生"我是一个失败者"的心理。

5岁的小丽性格文静，似乎很害羞。妈妈带她到朋友家去玩，看到朋友家的孩子画的飞机很漂亮，妈妈要她也去画一幅她最喜欢的荷花。可小丽扭捏地拒绝：我不行，我不会画！

又有一次，妈妈带小丽旅游回来，要她把旅游途中的趣事口述下来，由妈妈笔录成日记。可小丽又拒绝：我不，我说不好！任妈妈怎么鼓励都不行。妈妈奇怪，小丽是怎么啦。后来她去请教教书的表姐，表姐经了解，才知道问题原来出在孩子爸爸经常数落孩子上面。

懂得女孩，教好女孩

许多自卑的女孩心中对自己很不自信，需要父母给女孩以鼓励及肯定。可往往孩子越大，父母越挑剔，早忘记了要鼓励孩子。经常使用负面的语言评价孩子，这些语言说多了，在孩子的心里刻下了"我不行，我没有能力"的印痕。每当尝试什么事情的时候，最先想到的是："是的，我可能不行，还是不去做了吧。"

所以，要想消弭孩子的自卑，就要多鼓励孩子。当女孩做出了一点点成绩或做了一件令她感到自豪的事，就希望获得父母的认可与表扬。父母要及时地发现女儿的心理状态变化，告诉孩子世界上没有完美无缺的人，及时地帮女儿走出自卑的阴影。

到市里上高中的第一天，同桌的女孩问王珊："你家是哪里的？"而这个问题是王珊很忌讳的，因为出生于小县城的她总感觉自己很土气，会被大城市的同学瞧不起的。

就因为这个女同学的问话，她一学期都感觉同学看自己的眼神里充满了鄙视，感觉人家都看不起她，从不敢轻易和别人打交道，以至一个学期结束的时候，很多同班的同学都不认识她。

很长一段时间，自卑的阴影都占据着他的心灵，她疑心同学们会在暗地里嘲笑她，嫌她土气的样子太难看。

她不敢穿裙子，因为她感觉自己有点胖，这也是她自卑的又一个原因。在体育课测试的时候，她怎么都不参加长跑，总是恐惧自己胖胖的身体跑起步来一定非常非常的蠢笨，一定会遭到同学们的嘲笑。可是，她连跟老师解释的勇气都没有，茫然不知所措，老师急了就对她说："你再不跑，只能算你零分了。"她才咬着牙跑下来了。之后，她总感觉同学看自己的眼神更怪了，如果几个同学在一起讨论什么，她就认为是在议论自己。

王珊很是苦恼，可是不知道该怎么克服自己的自卑心理。

在暑假回家时，爸爸发现女儿没有以前那么爱说爱笑了，就问她是不是学习上遇到麻烦了，或者和同学之间闹矛盾了。

王珊把自己内心的想法告诉了爸爸，爸爸为女儿有这样的心理感觉很吃惊,因为在他心里,女儿学习成绩优秀,懂事,虽然算不上苗条,但真的也算不上胖的。爸爸就开导女儿,鼓励女儿,让她认识到自己的优点,爸爸告诉女儿,虽然生活在小城镇,但女儿内在的修养和气质不比任何人差,女孩子是因为自信才美丽的。

整个暑假里,爸爸让女儿充分认识自己的优点,帮女儿重拾了自信。再次返校的时候,同学都感觉王珊像变了个人一样,善于言谈,开朗,活泼,由内而外散发的自信,让她看起来阳光十足。而王珊也不再感觉同学看不起自己,她突然发现,当初自己感觉同学看不起自己都是自己太在意了,其实根本没有那回事。

当女孩遇到困难且踌躇畏缩时,父母应该为她加油鼓劲。让女孩多一些成功的体验,只有让女孩肯定自己,才能赶走自卑,拾起自信。当然,对于女孩的自卑情结,最重要的是防患于未然,父母在教育女孩的过程中,要避免给女孩施加过大的压力,或总是拿自己女孩的短处和别的女孩的长处相比,从而使女孩产生自卑心理。

6. 女孩自私怎么办

女孩子对自己喜欢的东西普遍比男孩要珍惜得多，如果是她喜欢的东西，周围的人，甚至是自己的爸爸妈妈也别想从她那里分享到。当女孩逐渐长大上学后，和同学之间就会因为不懂得分享、自私小气而被同学拒绝。女孩子的自私表现源于家庭的教育，一味地溺爱和呵护只会让女孩更自私。

小惠8岁了，是个聪明活泼的小姑娘，就是有一点不太好，就是很自私。有一次爸爸从北京出差回来带回了一只烤鸭，小惠没有吃过，很是高兴，妈妈把烤鸭切成块装盘子里，刚端上桌，小惠也不管全家人都还没有坐下，就把两只鸭腿夹到自己碗里，还没吃一口就又用筷子在盘里找她爱吃的部位放到自己碗里。爷爷刚夹了一个鸭脖还没送到嘴里，就被小惠要过来了："我喜欢吃这个。爷爷给我吃吧。"不一会小惠的碗里就满满的了。

小惠带同学回家玩，同学看到她的芭比娃娃刚要拿起来玩，就被她夺过去了，不让人家碰；同学又看到她的彩色积木就过去拼插，可小惠又过去说："你不要玩我这个。"当同学拿起她的图画书刚翻开一页就被小惠夺过去了，还是不让。同学不乐意了，就说："你真自私，什么都不让我碰，干吗让我来你家玩呀？我不和你玩了。"说完就走了。

孩子产生自私行为的原因是多方面的，其中一个原因是儿童天生的利己倾向。在儿童心理发展未达到成熟阶段的时期，儿童往往单纯地确定"整个世界都是我的"，这种自我中心的想法会随时间和经历的推移，逐渐接纳他人和减少利己行为。

而像小惠所表现的自私行为，则是父母对孩子过度的爱造成的。父母、祖父母及外祖父母的呵护使孩子们的自我意识观念增强，吃要吃好的，穿要穿好的，玩要玩高档的，家中一切必须以她的情绪变化和要求为中心，如果达不到要求，动辄耍脾气，家长一见家中的"小公主"抖脾气了，不管要求合理不合理，一切听从孩子，这就是滋长儿童自私观念的温床。

想要让孩子改变自私的毛病，变得愿意与别人分享，还是需要清楚了解孩子的性格，摸透孩子的想法，因势利导，才能够达到理想的效果。

第一，给孩子创造一个好的环境

孩子自私，家长的宠爱是主因，所以，要改变孩子自私的问题，就要给孩子创造一个好的环境。

明心从小由外婆带大，外婆十分宠爱她，这使明心养成了自私的坏毛病。回到爸爸妈妈身边后，爸爸妈妈便设法帮孩子改正这个毛病。他们注意在家里不给明心特殊的地位，有好东西大家一起用，有好吃的大家一起吃，让她感到在家庭中，孩子和父母都一样重要，而不仅仅只有他一个人重要。尤其是妈妈买回来美味食品时，明心想要一个人"独占"时，妈妈坚决不同意，只给她留下她该得的一份，其余的食品大家一人一份吃掉。明心不愿意，父母就给她讲道理，坚决不妥协。慢慢地，明心适应了家庭中的这种氛围，自私、小气的毛病逐渐得到了改正。

第二，多鼓励、多夸奖

碧珠虽然学习很棒，但是人缘却不是太好，谁要动了她的东西，她就要和人家大吵一架。爸爸妈妈看在眼里急在心里，为了改正碧珠自私的缺点，他们决定对碧珠采用多鼓励、多夸奖的方法。碧珠把自己的学习资料

借给了邻居家的孩子使用,爸爸妈妈就表扬她,说她有爱心,肯于帮助他人。在爸爸妈妈的鼓励下,慢慢地碧珠不再自私,经常帮助同学,把自己的东西借给同学用,和同学们的关系也融洽了起来。

第三,主动为孩子创造一个愉快交往的空间

有时候为孩子创造一个愉快交往的空间,就能够改正孩子自私的习惯。

兰迪经常会流露出小气、自私的心理。有一次邻居的孩子在兰迪家玩时,看到电脑上的游戏很有意思,就想玩一玩。可是兰迪怕电脑被弄坏,就不让玩,结果那个孩子很生气地走了。为了帮助女儿改变小气、自私的毛病,兰迪的妈妈就经常鼓励女儿请小朋友到家里玩。小朋友们来的时候,妈妈就会让兰迪把自己的图画书和玩具都拿出一些,和伙伴一起分享。大家玩得高兴的时候,妈妈还主动给他们拿来美味水果。在这种愉快的气氛中,兰迪不知不觉中,变得非常懂事、有爱心。

第四,用事实说话

通过孩子身边的事让孩子认识到自私的危害,就能够帮助孩子改掉自私的毛病。

心妍平时比较小气,不愿让别人用自己的东西。有一次考试时,心妍的笔突然没水了,她急得都快要哭出来了。她的同桌赶紧给她一支笔用,才救了她的急。通过这件事。心妍的心理慢慢发生了变化,愿意将自己的东西和大家分享了。

7. 女孩早恋怎么办

女孩进入青春期，父母最担心的事情就是"早恋"了。

怕女儿因为早恋耽误学习；

怕女儿在朦胧的感情中受到伤害；

怕女儿因为好奇过早地品尝"青涩的果实"造成一生的伤痛。

早恋，让女孩子的父母坐卧不宁，一旦发现自己的女孩有早恋的苗头就处处防范。确实，和男孩相比，女孩在感情上更容易受伤害，女孩普遍都比较感性，在对待早恋问题上往往是非理性的，多数时间扮演的都是受害者的角色。

男女之间相互吸引，本身就是一件非常自然的事情，而对于孩子们，尤其是对于那些青春期的孩子们来说，她们对异性那种懵懵懂懂的感觉，使她们更容易陷入所谓的"爱情"当中去。在父母心目中，正需要好好学习的孩子们对异性产生好感，不能不说是一件相当严重的事情。

每个孩子无可避免地都要遭遇感情问题，这是孩子成长过程中必然的经历，关键就在于家长如何引导。

有的家长往往将孩子早恋视为丢人现眼的事情，发觉孩子有了早恋苗头，第一反应就是慌乱急躁。于是，很多家长选择了错误的方法，有的指着孩子的鼻子臭骂一顿；有的责令双方互不来往；有的逼孩子写检查、交情书；还有的甚至绞尽脑汁地让孩子休学、转学、退学……这些极端的做法极大地伤害了孩子稚嫩的心灵，结果，这样做于事无补，反而激起了孩子的逆反心，将孩子推向更远的地方，最终将苗头变成了事实。

其实,越是在这种情况下,越需要家长静下心来冷静对待。每位父母都应该静下心来好好想一下,自己当年是不是也曾对异性有过一种朦朦胧胧的爱意呢?我们当年都是如此,对于情感开始发育的孩子们,为什么就不能够给予更多的理解呢?

孩子其实都是非常懂事的,至少比我们想象中的要懂事得多。很多孩子之所以让父母感到担心,实际上不是孩子们的原因,更多的时候是因为父母自己心里过分担心,而父母的这种担心有时候反而会把事情搞得更糟。

所以,家长要理智看待这种现象,要引导孩子们走上正确的道路。家长与其暴跳如雷,不如下一场毛毛细雨,坦诚平等和孩子谈心、心平气和地沟通、和颜悦色地分析、语重心长地劝导,这些才是将孩子拉出早恋泥潭的明智之举。我们要相信,孩子都是懂事的,当她明白了正确的道理后,就会知道怎么做。

妻子出差了,张先生早早地做了一桌丰盛的晚餐等待女儿回来。可是已经很晚了,还是不见女儿回来。张先生不禁有点焦虑,决定出去接接女儿。

正当自己翘首以盼时,他看到了女儿由远而近地走来,不过,女儿的身边有一个男孩,两个人看起来还有点亲昵。

张先生的第一感觉告诉自己:女儿不会是早恋了吧。面对这突如其来的情况,张先生不知道该如何处理此事。

但是他很快平静下来,决定先避开女儿。在女儿没看到自己之前,他赶紧转身回家了,装着什么也不知道似的等着女儿。

很快女儿一脸春风得意的样子出现在了爸爸面前。张先生很自然地问道:"天这么黑你自己一个人走这么远的路不害怕吗?""嗯,和同学,一个男同学一起回来的。"女儿的脸上泛着一层红云:"不过,爸爸,您可别往别处想呀,就是同学。"女儿说话时眼神有些慌乱。张先生从女儿躲闪的眼神里知道事情不像女儿说的那么简单。

接下来的几天,张先生留心观察着女儿,他发现女儿特别喜欢照镜子，也比以前喜欢打扮了，每天早上早早起来梳头洗脸，每次都在洗手间里待好长时间才出来。家里电话一响，她会第一时间冲过去抢着接电话。一听是找爸爸的电话，她就会垂头丧气，把话筒递给爸爸；如果是她的电话，她就会面带羞涩，微笑地对着话筒说个没完。通过细心观察女儿一系列的异常变化之后，张先生断定：女儿早恋了。

可是怎么对待这个问题呢？张先生考虑再三，决定还是和女儿好好谈谈。

很快到五一假期了，张先生约女儿一起去北海划船，这是张先生特意安排的，因为女儿特别喜欢划船。

女儿玩得很开心，回家后还在和爸爸说今天划船的情景，看到女儿的情绪很好，张先生认为时机成熟了，应该切入正题了，便装着漫不经心的样子问女儿："听说，你早恋了？"正在兴头上的女儿，被爸爸这突如其来的问题问住了，她怔怔地望着爸爸。张先生用一种商量的口吻对她说："咱不早恋不行吗？"他看到女儿低下了头，没有了刚才的笑容。

张先生进一步说："你渴望爱情没有错，你已经长大了，爸爸非常理解你，可是你现在只是个初中生呀。"虽然女儿没有和爸爸争辩，但看得出她心里很不好受。

爸爸开始阐述自己的观点："人生就像一棵大树，什么时候开花，什么时候结果，都是一定的，什么季节做什么季节的事，如果违反自然的规律，那就不能结出丰硕的果实。假如爸爸现在就不去工作，开始养老，你觉得是不是很可笑？一个人的人生也同样如此。每个阶段都有每个阶段的任务要完成。该学习的时候就要好好学习，该谈恋爱的时候就好好享受爱情的甜蜜。你现在正处在学习知识的阶段，你最重要的任务是学习，是掌握知识。等你完成了这个任务，学业有成，有了稳定的工作，就可以进入下一个谈恋爱的阶段，那时你最主要的任务就是谈恋爱了。你现在把下一个阶段该做的提前做了，岂不像爸爸提前养老一样违背了基本规律？因此，你现在有两个选择：要么放下学习，投入地爱一次，要么把爱情暂时放下，好好学习。鱼与熊掌不可兼得，两者不能兼顾，爸爸希望你好好

想想。"

女儿一直默默不语，静静地听着爸爸的话。张先生告诉了女儿自己这段时间的担忧。

张先生接着说："我也经历过初恋，我理解你的感情，要让你一下子放下会很痛苦，会割舍不了，毕竟是你的初恋。爸爸知道你需要时间来处理这件事，也相信你会处理好的。爸爸建议你暂时把爱情放下。"

沉默了很久，女儿终于说话了。她泪流满面地对爸爸说："爸爸，您的话我都听进去了，我想认真地想一想，到时我会给您一个答复的。"

不久，女儿认真地跟爸爸做了一次长谈。那天，女儿带着早熟却仍稚气的口吻跟爸爸说：

"我一直认为我能够独立做主了，有谈恋爱的权利。说实话，我渴望与男同学交往，虽然不知道我这算不算恋爱，但我已经体味到了这里有初恋的成分。

那天晚上，我一直没有吭声地听着您所说的每一句话，我知道您一向爱我、关心我、呵护我，做的一切都是为我好。

可是爸爸，您说对了，我对初恋的那份感情真的很难一下子割舍，那段时间我特别痛苦。这时我想起了您对我的理解，您说的每一句话，感到都挺有道理的。经过很长时间思想上的折磨，我总算说服了我自己。

您说得对，我感觉到自己现在恋爱还太早，恋爱的路对我还很遥远。如果我在没有充分思想准备的时候开始恋爱，不但我学无所成，而且也不会有一个好的将来，甚至会影响我的一生，所以早恋对我而言是有百害而无一利。就像爸爸您所说，我目前最重要的任务是学习，这是奠定我一生的基础，我应该珍惜这个美好时光。"

女儿说："爸爸，您是对的，女儿听您的！"

最后，女儿还非常感谢父亲："爸爸，感谢您用这种方法开导启发我，更感谢您对我这段感情的尊重和理解。假如您选择了其他我接受不了的方法，我可能就不会接受，甚至会和您抗争到底的。如果您不开导我，我一直认为自己走的是一条'正确'的路，尽管前面是一个死胡同，我也会撞个头破血流才罢休。"

爸爸很庆幸自己有一个懂事的女儿，一个把自己当成朋友的女儿。

女孩早恋了，一味地制止反对是最要不得的，青春期女孩逆反心理严重，学校对早恋反感，加上早恋难以启齿，所以容易捂着、盖着、让着，如果父母再不理解，就容易造成不良后果。

面对早恋之中的女孩，父母都是想尽了办法。要帮助女孩真正解决早恋问题，还需要父母相信孩子，鼓励女孩去面对问题，去解决问题。给孩子留出足够的时间和空间，让其去思考、去面对、去解决，使其自身内在的因素发生转变，这一环节在解决女孩的早恋问题上起着至关重要的作用。父母要理解孩子，体贴孩子，正视早恋。如果父母能使女孩真正明白早恋的危害，我们的女孩不但会理智地放弃这段感情，还会对自己的人生理想和目标更坚定。

张先生的女儿无疑是幸运的。父亲给了他最大限度的信任，没有训斥，没有居高临下的"教育"，而是对女儿的恋情娓娓道来，有理解，有启发，有暗含规劝的比喻，最后使女儿心服。

家长一定要注意的一点是，将孩子早恋的事情公布于众是处理早恋问题的最大忌讳。有的家长总是在别人面前提到孩子的隐私，让孩子感到很没面子；有的家长跟踪孩子，以便掌握她们的行踪；还有的家长甚至直接到班上大吵大闹，让女儿无脸见人。这些做法很容易激起孩子的逆反心理。这样一来，有的孩子认为，既然已经世人皆知了，就干脆大大方方地谈恋爱；有的孩子因为自己已经名誉扫地而感到苦恼、孤独、压抑；有的孩子则变本加厉地拿早恋当儿戏，和家长对着干。家长对早恋的处理绝不能公开化，而要为孩子保守秘密，不对外宣扬。

"哪个少年不多情，哪个少女不怀春"，家长要知道，孩子对异性有好感，是她们成长过程中的必然，早恋也不是什么见不得人的事情，只要家长冷静应对，多和孩子沟通，鼓励她们多跟不同的异性交往，尽量发展正常的同学友谊，孩子一定会走上正确的道路的。

8. 女孩网恋怎么办

随着电脑的普及，网络越来越成为人们离不开的工具。但是，也使越来越多的孩子沉迷于网络。以前，在人们眼里孩子们只是对网络游戏感兴趣，不少孩子整天泡在网吧打游戏。但是现在却发现，有为数不少的孩子对网上聊天开始感兴趣，有的进一步发展到了网恋。

小远的妈妈发现女儿最近几个月来，经常往网吧里钻。以前认为女儿已经读高中了，上网增长见识也是好事，因而就没有去管她。谁知道，小远竟在网上和一个男孩谈起朋友来。而且上学期学习成绩挺好的女儿，这学期名次下降了很多。

小远的妈妈经过和女儿的谈话，才知道那个男孩没有上学，在社会上游荡，而小远已经和那个男孩约会了4次。

孩子之所以热衷于网恋，是因为现在大多数孩子都是独生子女，沟通对象少，而且学习压力大，所以她们渴望交流沟通，来释放压力。但是由于"代沟"等原因，她们又不愿和老师家长交流，于是选择在网络上与外界沟通，这对于她们来说，无疑是一个好办法。在网络这个虚拟的世界里，她们能够自己做主，无所顾忌，谈得好，可以"掏心窝子"，谈得不对路，鼠标一点就走人，完全不用顾及对方的脸面。

另外，处于青春期的孩子，对异性都有一种朦朦胧胧的感觉，她们渴望与异性交流，幻想能够遇到白马王子。但在现实生活中，家庭和学校往往不允许她们与异性朋友过分亲密,只能"地下活动",而网络恰恰提供了这样一种宽松的环境。坐在电脑屏幕前,敲击着键盘,两个相距遥远的人就可以通过网络互诉感情。这份距离带来的美,这种新鲜与感动非常吸引她们。由于不用面对彼此,一向含蓄的女孩可以更加大胆热烈地表达爱情,把所有想到的爱意捎给对方,把自己的不愉快告诉给对方。所以,在这种情况下,网恋也就显得格外的美。这也使得许多女孩明知这种恋爱没有结果,却乐此不疲,越陷越深。

但是,从某种意义上讲,网恋比早恋带给孩子的危害要大得多。在网上谈恋爱,大多用虚假的名字、身份甚至性别,把自己包装起来与他人交流,两个人隔着虚拟的世界,彼此都不了解,更有一些居心叵测的人,专门利用女孩单纯、不谙世事的弱点,来欺骗女孩子,这对于女孩是很危险的事情,关于网恋受骗的报道层出不穷,所以比起早恋更让家长们担心。

因此父母要提高警惕,引导女孩正确地上网。如果女孩真的网恋了,就用正确的方法带着女孩走出网恋。千万不可粗暴强制限制女孩子,以免激起女孩的反抗,做出离家出走的傻事。

女儿网恋了,这是赵女士最不愿意看到的事情。

女儿珂珂今年17岁了,最近总觉得有些不正常,有一天晚上无意中给孩子送水果,发现她在和一个男孩子聊天,虽然她很快地关闭了画面。但自己还是看到了两句很亲密的对话。想想女儿最近的反常,赵女士肯定女儿网恋了。但如果直接问女儿她肯定不承认,如果不管不问肯定也不行。赵女士考虑了很长时间,才想出了一个办法。

赵女士在网上搜索了一些关于网恋被骗酿成的悲剧故事,故意让女儿看到,她还故意在女儿面前说:"这些孩子真可怜,正在上学的年龄,就被骗了,这一辈子就这样毁了,真可惜!"赵女士发现女儿的表情有点不自然了。

看到女儿的表现,赵女士心里有底了,她请同事帮忙,使出了第二招。

这天刚吃罢晚饭,家里电话铃响了。赵女士拿起电话:"谁呀?刘云呀,什么?网恋?不可能吧,她家孩子怎么会因为网恋离家出走呀?"听

到网恋的字眼,女儿脸红了。

赵女士继续跟刘云说:"珂珂?不可能。我家珂珂能那么糊涂?你说李威要是早点告诉孩子这个道理,也不会这样了。多可惜呀。行,改天咱们聚聚。"

放下电话,珂珂问妈妈:"是谁呀?"妈妈说:"是你刘云阿姨,她说我们同事的女儿因为网恋离家出走了,提醒我一下,要我多关照你。"

女儿的脸又红了,妈妈故意轻松地说:"孩子上网聊天很正常嘛。"女儿半晌突然冒出一句:"那您刚才说李威什么的,是怎么回事?"

妈妈告诉女儿:"李威是我的同事,有一个和你差不多大小的女儿,刚上中学时成绩很棒。可前一段时间在网上聊天认识了一个上海的男孩,竟然网恋了,还背着父母去见网友,结果发现网友竟然是个30多岁的男人,女儿很受打击,学习一落千丈。爸爸妈妈知道后处理方式很是粗暴,结果女儿离家出走,孩子因为网恋学都不上了,你说多可惜呀。"

赵女士装作无意的样子问女儿:"哎,你们班有没有搞网恋的?"女儿有点不自然地说:"应该有吧。"

赵女士说:"唉,在这个年龄对异性产生好感是正常的,但怎么就相信一个连面都没见过的人呢?"

女突然问:"妈妈,您是不是知道什么了?"赵女士犹豫了一下,点点头:"妈妈想,也许你不愿意让我们知道。其实这种事情,爸爸妈妈可以给你一些帮助的……"

女儿打断妈妈的话:"其实我也说不准自己是怎么回事,就是想找个人聊聊。"

赵女士告诉女儿,孩子有这种心理很正常,但是要把握好自己,有心里话可以和自己的妈妈、老师、同学聊,和网友聊也没有什么大不了的,但是一定要把握好自己。现在的任务是学习,不要过早地陷入感情的漩涡,不仅耽误时间,更会上当受骗。

女儿听了妈妈的话,使劲地点了点头:"你放心吧,妈妈,我知道怎么做了。"

赵女士的做法很聪明。女孩网恋，父母自然很担心，但是当头棒喝并不能打醒女孩，最重要的是让女孩自己认识到网恋的危害，自觉地走出网恋的误区。

为了让女儿走出网恋的误区，家长不妨先上网聊聊，看看孩子和同龄的网友在聊些什么，常和她聊聊网上的见闻，交换一下上网的心态和感受。如果发现孩子萌动的恋情，家长也不必断绝她和网络的联系，毕竟孩子在网上可以了解到许多家长给予不了的知识，你不妨像赵女士一样旁敲侧击，孩子需要更多的耐心和信任，因为孩子有她们的烦恼和困惑，她们沉迷于网络正是因为那里没有压力和埋怨。

要想让孩子忘掉网恋，关键就是要打消孩子对网恋可能抱有的幻想。要告诉孩子，网络是虚拟的，网恋之所以美丽，就在于它在网上。或许向你倾诉衷肠的对方是一个老头呢，你幻想中的白马王子也许是一位老大妈呢。这种虚幻的爱情显然是不现实的，也是荒唐的，在里面你的希望越多，失望就越大。

此外，要向孩子讲清网恋可能带来的严重危害。最好能像赵女士一样用实例来提醒孩子，让孩子知道网上的陷阱。

爸爸妈妈还要知道，最重要的一点，是千万不要因为孩子搞网恋就动辄打骂，这样不但起不到好的效果，闹不好还会引起孩子离家出走等过激的反抗。正确的态度是，应该向赵女士一样因势利导，教育孩子上网时应该多学习电脑知识，浏览网上有益的东西，但什么都应该有一个度的问题，不要陷入网恋不能自拔。

对那些网恋已经成瘾的孩子，要采取一些必要的措施，在向孩子讲危害、取得孩子一定程度理解的基础上，强制孩子离开网络一段时间。

在这期间，可以多带领孩子做一些有益的活动，以帮助孩子克服对网络的依赖心理。如果这种办法还不能奏效，就要带孩子去看心理医生，到那里寻求帮助。

9. 女孩虚荣怎么办

正如同男孩子都爱面子一样，女孩子也爱慕虚荣，这股风气在女孩当中非常盛行。

去年，昕昕考上了一所重点中学，开学的时候，爸爸骑着自行车送昕昕去学校报到，一路上，昕昕在自行车上欢歌笑语。快要到学校门口时，昕昕却突然大声叫喊起来："爸爸，快停车！快停车！"在爸爸停下车后，昕昕说："不要你送了，我自己去！"，便一溜烟似地跑了。

回家后，爸爸问女儿为什么不让自己把她送到学校里，昕昕一声不吭，憋了半天，才对爸爸说："您骑个自行车到学校，要是遇见班上的同学，多丢人呀！要知道，班上很多同学的爸爸都是经常开车来接送他们，就是没有汽车的，至少也会用摩托车接送，谁还用自行车接送孩子呀？让同学看见，岂不是要被人笑话。"

前些日子，爸爸买了一辆二手汽车，想着终于可以开车送女儿上学了，女儿心里肯定很高兴。谁知道女儿看了爸爸买的车，就对爸爸说："你那辆破车一定要喷一遍漆。"

爸爸很惊讶地说："没必要吧！能开就可以，而且外表看起来还是很新的呀！"

女儿说："如果不喷新漆的话，我可不坐你的车，我丢不起那人！"

人都有这种心理，就是寻找认同对象，这个认同的对象可以是自己的偶像，也可以是亲人、朋友。在这一过程中，如果获得和认同对象一样的东西，如手机、衣服等，就会感觉自己和他们站在同一高度。如果自己的东西比别人的好，那么自然会产生优越感，内心也就得到了满足。

所以将自己和周围的人作比较是正常现象。尤其是处在成长中的女孩，她们刚开始用自己的眼睛观察生活，难免会有迷茫。所以，一旦看到别人拥有的东西，这些女孩往往不能冷静地分析"我是不是需要"，而是急切地想据为己有。正是这种迷茫的心理，让女孩看起来很虚荣。

女孩爱慕虚荣，是因为担心被周围的人排斥。在她们看来，共同语言一部分是建立在共同拥有的物质之上，如果看着大家都在拿着手机相互讨论，而自己没有，就觉得插不上话，感到被同学孤立了。因此，她们就要不断地追随周围人的脚步，表现出来就是虚荣。

再加上很多父母由于疼爱自己的孩子，就会尽量满足孩子的需要，有时甚至是过分的要求，这样处理的后果，就会更加容易导致孩子虚荣的心理。

其实，对待虚荣也要一分为二来看。虚荣有其不好的一面，爱慕虚荣者往往只追求面子上的好看，不顾现实的条件，最后害了自己。但是虚荣也有其积极的一面，适度的虚荣心可以激发孩子见贤思齐、积极进取的内在动力。

所以，对于虚荣，父母要善于引导，把女孩引导到正确的方向上来。要正确对待孩子的虚荣，宽容对待孩子的虚荣心。

其实当得知孩子爱慕虚荣时，家长或许应当感到高兴。因为从某种程度上讲，虚荣心代表着儿童在成长过程中自我意识的增强，表明她们期待着展示出自己最美好的一面以赢得大家的认可、称赞。孩子的虚荣心大多出于单纯而强烈的不服输的心理，这也是孩子积极向上的动力。因此，我们要用宽容的心体谅、接纳孩子爱慕虚荣的心理，给孩子的虚荣心留出适当的生存空间。

要想把孩子的虚荣心控制在适度的范围内，家长还要从自身做起，我们为孩子爱慕虚荣而发愁，殊不知这正是父母自酿的苦果。每逢家里来了

客人，家长总是自豪地将孩子的长处展示给大家，不经意间将自己的虚荣心扩散给了孩子，在给孩子罩上光环的同时也在暗示孩子怎样去满足成人的虚荣心。这样，孩子追求虚荣就不奇怪了。所以，要想让孩子正确对待虚荣，家长首先要正确对待虚荣，不要处处炫耀孩子，不要总拿孩子和别人比高低。

对于孩子的虚荣心，家长平时应该多留心，仔细观察孩子的行为表现。孩子的虚荣心会有很多明显的信号，例如：孩子对衣着、文具、玩具等特别挑剔，抱怨父母不能给自己提供优越的物质条件等。当我们发现孩子有这样的行为时，就要潜移默化地给孩子正确的引导，不妨和孩子心平气和地谈话，间接地问孩子：你们班学习最好的同学父母是什么职业？你最喜欢的同学是谁？同学们喜不喜欢你？咱们家有哪些让你喜欢的地方？妈妈有哪些优点？启发孩子认识到小伙伴不会因为妈妈职业低微就不喜欢自己，大家最看重的还是自己的表现；虽然妈妈不像有钱人那样神气，但是她很爱我，和妈妈在一起我很开心，我的妈妈同样让人羡慕！家长不失时机地发表自己的看法，使孩子心悦诚服地接受家长的引导。

10. 女孩追星怎么办

对"明星"偶像的崇拜，几乎成为每一个孩子的时尚追求。更有不少女孩们为"明星"偶像或喜或悲，离家出走、甚至自杀。这种狂热的行为使许多父母大惑不解的同时也很是担忧。

"追星"应该说是孩子尤其是青春期孩子的一种正常的行为，是青春期不可避免的现象。青少年成长期间，社会角色意识开始觉醒，非常渴望得到自我认同和社会认同，而明星受公众追捧、风光无限，往往成为青少年模仿的榜样。通过模仿明星的服饰、爱好、习惯，想象自己也像那个被人喜欢的人，借此获得满足感；因为喜欢明星而喜欢自己，因为有一群人都喜欢某个明星，因而获得自信与归属感，是青春期孩子特有的心理表现。

其实，追星只是孩子满足自己情感的一种虚幻方式。如果受到父母的严令禁止，这条安全通道就会被堵上，情感的潮水就很可能被逼入非安全通道，比如，结交异性朋友、上网等。严厉打压还有一个很不好的结果：青春少年越来越叛逆，对来自父母、老师的教育，很难心平气和地接受。

有一位爸爸提起自己的女儿就气不打一处来。他的女儿读初二，对韩国的"东方神起"情有独钟。女儿的零花钱全都用在了追星上——房间里全是这个韩国组合的海报和照片，女儿书包上挂的也是琳琅满目的图片。还热衷于模仿偶像的衣着，大冷天也只穿两件单薄的衣服，在爸爸眼里，这些衣服"松松垮垮的，没个正型"，但女儿倒自我感觉良好。他多次为

女儿的追星和女儿吵起来,但女儿仍旧我行我素,不予理睬。没有办法,他只得强硬约法三章,严格限制女儿的零花钱,除了周末,不准女儿看电视用电脑。但女儿的成绩仍无起色,反而和父母的关系越来越僵。这位爸爸一边叹着气,一边说:"僵了就僵了吧,反正是为她好……"

追星是虚幻的,追星因虚幻而美好。所以要求青少年拒绝偶像是不现实的。只要孩子将行为控制在一定范围之内,不让虚幻的情感干扰到自己正常的学习生活,家长就不必过于担忧。

孩子崇拜偶像,是个体成长中的必然现象,要求青少年拒绝偶像是不现实的。大多数孩子的"追星"仅限于收藏几张她喜欢的"明星"照贴在床头,听这位"明星"演唱的歌曲,或偶尔花钱买票听这位"明星"的演唱会,搜集这位"明星"的一些生活资料……如果仅限于这些,父母就不要横加干涉。孩子紧张学习之余,听听流行歌曲,让生活丰富多彩些,更有利于她们健康成长。

但是,如果孩子追星超过了一定的限度,就要给予一定的引导。由于青少年的思想和心理上的发育都还不成熟,追星有可能会导致青少年心理上的偏颇。一些青少年崇拜偶像到了盲目和疯狂的地步,以至于影响了学习和正常的生活,这就是一种"心理缺陷"。要避免这种现象,关键在于要及时正确地对孩子们进行引导。最重要的就是要和孩子们交流和沟通,既不能盲目地纵容,也不应该一味地反对。

要想和孩子有好的沟通和交流,父母就要了解"星"。父母只有了解了孩子追的"星",才可以和孩子谈"星",父母对"星"发表的客观评论,对孩子的人生观与价值观的形成将起到潜移默化的影响。如果只是粗暴的干涉,最终只能使事情越来越糟,变得不可收拾。

对于女儿追星之事,起初,薇佳妈妈心里也曾非常着急:不顺着她吧,触动她的逆反心理;顺了她吧,又担心她长此以往荒废学业、迷失自我。后来,妈妈偶然从大禹治水的故事中得到启发:大禹治水,疏而不堵,何不在女儿追星的过程中,加以正确引导?只要有了适时引导,相信女儿不会沉湎其中不能自拔。所以，从那一刻起，妈妈作了一个决定：陪女儿一起追星。

薇佳有她的一套"装备"：海报、口袋书、明星纸贴……妈妈也有自己的秘密武器：及时、同步地从网上搜索明星的资料，一应俱全，要不怎么和女儿过招呢。有时妈妈还会跟女儿因为某个明星的某个问题争得面红耳赤。其实，妈妈与薇佳争执只是想让她知道，追星是件非常普通的事情，并不代表青春与时尚，你看，妈妈也会，从而淡化"追星族"在她心目中的优越感和影响力。

女儿喜欢周杰伦的那段时间，妈妈跟她说："你看人家周董，多才多艺的，不仅人长得帅，会唱歌、谱曲、演戏，还会弹钢琴，是个才子。这长得帅、会唱歌吧，你可以说是人家的先天条件好，我们女儿也具备呀。但谱曲、弹钢琴，都是需要后天努力才能够达到的。要不你也学个钢琴、小提琴之类的乐器，培养一下自己？"薇佳想了想，爽快地同意了。妈妈心里偷着乐了，以前也曾说要送她去学钢琴什么的，可女儿总是不太情愿。这次妈妈一说，竟然爽快地答应了。

女儿迷李宇春那会儿，还在学校里组织"玉米团"，支持心中的偶像。她的口号是"凡是玉米的歌一定要听，凡是玉米的电视一定要看"，很是疯狂。

那段时间，刚好赶上工作不太忙，每次有李宇春的演出，妈妈不但不阻止，还大力支持，和薇佳一起看，和她一起讨论李宇春，还帮女儿搜集关于李宇春的信息和各种海报，女儿戏称妈妈是一个"大妈级"的"玉米"。对于妈妈所做的一切，女儿非常高兴，有一次给同学打电话说："我妈可跟你妈可不一样，我妈妈也是一个玉米！"

听到李宇春唱英文歌曲，妈妈就对女儿说："你看人家李宇春，人长得漂亮，舞跳得好，英文歌唱得也不错。不过，妈妈英文不好，有点听不懂，真可惜！你给妈妈翻译一下吧。"薇佳摇了摇头，沉默了一会儿后说："妈妈，你放心，为了听懂玉米的英文歌曲，我一定会好好学习英语，说不定哪天就可以和她一样用英文唱歌。"有了女儿学钢琴的前例，妈妈相信，女儿的英语成绩很快就会提高。

懂得女孩，教好女孩

因为和女儿一起追星，所以妈妈和薇佳有了更多的话题，成了无话不谈的好朋友。谈论的话题从女儿的偶像开始，逐渐延伸到她成长中的很多方面，包括理想、未来这些以前女儿从来不愿和妈妈谈论的话题。妈妈对女儿有了更多的了解，而女儿对妈妈也更多了几分的理解。

接受女孩对偶像的热爱，并进入女孩的世界，和女孩一起讨论，可以在同一个平台上将父母正确的观点潜移默化地传递给女孩，教会女孩正确评价明星，正确评价身边的人。父母还可以在和女孩的交流沟通中。给予女孩在生活和情感方面的引导。

薇佳的妈妈做得很好，她尊重女儿、理解女儿，在和女儿共同了解偶像的过程中，挖掘偶像的榜样作用，让偶像的力量激励女儿成长进步。

"追星"实际上是一种榜样认同和学习，提供什么榜样或展示什么样的榜样对青少年成长十分重要。青少年往往把崇拜的明星当作她们人生发展的楷模、参照系以及心灵寄托，父母为孩子提供的榜样应该是富有责任感和奉献精神、创造有价值文化的楷模，而不仅仅是外表靓丽、风度潇洒、收入丰厚、生活优越的明星。父母可以对孩子自发产生的"偶像崇拜"心理和行为进行适当的干预，也可以利用有学习价值的英雄形象来创造另一种明星效应，还可以为孩子的特长搭建实践的舞台，让孩子体会到成功的快乐，把孩子的"追星"转化为对成功的自我激励。

总而言之，女孩追星不是什么大不了的事情，只要追星有度，所追的"星"自然而然会成为其人生道路上的楷模、榜样，从而将追星的热情转化为自己奋斗的动力。

12. 让女孩认清自己的性别

爆炸头、宽边眼镜、韩版裤，街头上一些类似男孩打扮、年龄在十几岁的女中学生越来越多。在学校里，中学生因为有各种校规限制而显得中规中矩，可出了校门她们就开始张扬起自己的个性。小榄就是这样一个女孩。

小榄虽然是个女生，从上初中以后非常喜欢穿中性运动装，购买衣服时也会挑选肥大、深色系的服饰，她从来就没有梳过长发，没有穿过裙子，举止行为也越来越不像小姑娘了，言谈举止都大大咧咧的，总和男孩子以"哥们"互称，俨然是个"假小子"。

在小榄的班里，像她这样的"假小子"还真不少，她们的性格都非常直爽、开朗，经常和一群男生称兄道弟。

那么，是什么原因让这些如花的女孩喜欢上了中性的装扮呢？

女孩子追求中性化，除了受社会上"超男超女"的影响外，家长的认识是深层次的原因。有些家长认为如今社会很复杂，女孩太柔弱肯定在社会上会吃亏，女孩性格偏男性化发展更有利保护自己。

更重要的原因是，一些父母因喜欢男孩，从小把女儿当男孩教育抚养。中国人的传统观念中，都希望儿女双全，如果生的是一个女孩，为了给自己的心理一点慰藉，只好动点小脑筋，就把女孩子当作男孩子来养，让女孩子穿男孩子的衣服，留男孩子的发型。这样，时间长了，女孩子就

变得大大咧咧,一副"假小子"的模样。反过来,如果是一个男孩子,又特别希望有个女孩子,就会把男孩子当作女孩子来养,给男孩子梳个辫子穿个裙子:结果,就会把儿子养成"女儿"。

这样的行为起初是为了好玩,时间长了就会对孩子造成不良的影响,使她们对自己的性别产生模糊的概念。

还有一个原因,有的家庭由于父母有一个人长期在外工作,或者父母离异,这样孩子由于只能够受到父亲或者母亲一方的影响,所以性别认识就会产生偏差。

现在,社会的不断进步,对于性别的宽容度越来越大,甚至以"中性为美"。但是,这些会为孩子以后的生活带来意想不到的影响。

这些男性化的女孩在年龄较大时,常常受到小朋友的歧视和捉弄,或受到老师和邻居的压力,使她们企图隐蔽自己的异性行为,但常常又办不到,内心十分痛苦。同时她们又常无形中被其他女孩子"隔离"开来,因而产生内向、孤独、胆小及忧郁的性格特点,严重甚至会导致同性恋,给自己的生活带来很大的影响。所以,对孩子正确的性别教育是必要的,这非但关系到他们日后正常的社会交往、恋爱、婚姻、家庭生活,还会影响心理发展。性别教育最终的目的是帮助孩子健全人格的养成。

如果爸妈只是偶尔给小孩作"异性打扮",对小孩的性别认同并不会造成太大的影响,但是如果爸妈让家中女儿长期穿着男性衣服,或让男孩子长期作女性打扮,便有可能会导致孩子产生性别认同混淆的问题。尤其是当孩子成长到了青春期,第二性征陆续出现时,更容易让孩子的心理产生矛盾的困扰。打个比方来说,有性别认同问题的女孩子,会喜欢穿男生的衣服,她也会认同周围的男性,她觉得当男生,会受到更多的关注和赞赏。

关于孩子的性别教育,对于父母们来说,似乎再简单不过:男孩就是男孩,女孩就是女孩,没有什么教导可言。

所以,从小就要塑造女孩子正确的性别教育,让女孩子真正像一个女孩子,这样对于她们长大之后就会少很多的麻烦。

对待女孩子，心一定要放到最温柔，就像对待那些娇嫩的花，细致婉约，容不得任何粗糙。作为爸妈，需要了解那些小女孩的心理需要，包括她们的小手段和小虚荣心。妈妈应该成为她理所当然的朋友和战友，共同应对这个以男性为主的社会。

培养女孩子，重要的是让她有一个健康的心态，一个温柔贤惠的性格，一个有活力的健康的身体。爸妈可以对女孩子多宠着点，但并非娇生惯养。而要让她见多识广、独立，有主见、明智，很清楚自己要的是什么，什么是自己真正值得追求的东西，从而能够坚守自己的信仰而不是被外界势力所左右，失去真我。

爸妈要根据女孩子的行为优势，有针对性地制订一些具体的教养方法，从锻炼女孩的肢体协调能力、感觉统合能力、专注力和气质等方面入手，提升多种优势智能，培养一个优雅、聪慧、大方的女孩。

女孩子通过交流获得关心、理解、尊重、忠诚、体贴和安慰。爸妈就要学会倾听女孩子的"真实意图"，让她根据自己的"内部指导系统"而不是别人的意见来决定自己的发展方向。

在孩子的性别教育中，爸爸的作用尤其不可忽视。心理学家们发现，爸爸对待儿子和女儿的态度与行为方式有较大差别，而妈妈对子女的态度与行为差别不如爸爸那样明显。比如，在游戏中，爸爸会严格地按照社会所规定的性别角色标准来要求孩子（尤其要求儿子）玩那些适合其性别的游戏，而妈妈总是怕孩子磕着、碰着，并以温柔的方式不加区别地对待孩子。所以，父亲要多参与教育，孩子出现性别混乱的机会就会小得多。

13. 性，不可缺少的一课

"性"是中国人比较忌讳的一个词语，家长和老师都对"性"这个话题讳莫如深，不愿向孩子讲授有关的知识，甚至在某种程度上误导孩子，致使孩子们这方面知识的欠缺，导致遇到事情的时候不知道如何处理。

由于家长老师不愿意和孩子谈这些话题，致使很多青春期的女孩得不到正当、有效的沟通和疏解后，只能将目光转向同学、图书、网络……由于这个时期少女的识别、鉴别力尚不完善，往往受到一些不正确的影响。

青春期女孩性心理的发展，可能出现两种不良倾向：一是一些女孩视青春期出现的性心理为丑恶，产生强烈的羞耻感和罪恶感，把自己看作坏女孩，她们形成闭锁心理，孤僻、自卑、内向。

有一个女孩子，她的母亲平时对她管教很严，不允许她随便和男孩子接触。所以，这个女孩子平时总是对男性保持着一定的距离，认为男人都是很肮脏的。

有一次，在体育课上做游戏时，有一位男同学的手不小心碰到了她的胸口，她就感到非常紧张，一整天都无精打采的。

回到家里，妈妈见她情绪不好，就问她是怎么回事。经过妈妈耐心地开导，她才说出了原委，很胆怯地问妈妈："我这样会不会怀孕呢？我是不是坏女孩呀？"

妈妈是哭笑不得，虚惊一场。

还有一些女孩则受性本能、性心理的驱使，出于无知和好奇，过早地进行性体验和性尝试，给自己的身心造成了很大的伤害。有的女孩甚至频繁做人流手术，结果导致宫颈糜烂、各种炎症等，严重影响到自己以后的生活。

小雪是一名高三的学生，她在初中的时候就和同班的一名同学"好"上了，多次的耳鬓厮磨，两个人最终迈出了第一步。由于不知道必要的保护措施，小雪多次怀孕，到医院去做人流。

最近的一次，是在小雪高三的时候，由于和男朋友在一起的时候不小心又怀孕了，她只得到医院去做手术，医生做检查的时候，发现她已经患上了高度宫颈糜烂，需要住院治疗。医生摇着头很无奈地说："这姑娘这么小，根本就不知道这种病对身体的伤害有多大。"

当同学们都在为自己的明天而努力奋斗的时候，小雪却在医院的病床上品尝着自己的苦果……

对于女孩子来说，过早地品尝禁果，会比男孩子受到更多的伤害，所以性教育更显得必要，要了解更多的性知识，才能够更好地保护自己。有一位在医院妇产科工作的妈妈，曾讲起过自己工作时遇到的一件事情：

今天，一个还不满18岁的小女孩在我们医院做流产，她旁边有一位表情冷淡的女士在陪她。

手术后，我送这个女孩走出手术室，趁女孩上厕所的机会。我问那个冷漠的女人："这姑娘是您的女儿？"

没想到她狠狠地瞪了我一眼，用恶狠狠的语气说："我才没有这样下贱的女儿呢，那是和我儿子乱搞的小丫头！"

我当时很生气，真想使劲骂她一顿，本来这件事也有她儿子的责任，为什么要这样说一个女孩呢？为什么女孩做这么大的手术，她儿子却不出现呢？于是，我便接着问她："那你儿子呢？"

"我儿子？我儿子还要安心学习呢，哪能因为这点小事而毁了他的前程呢！"

男孩的家长认为这是小事，不能耽误儿子的前程。但这对女孩的伤害却无法计算。在很多情况下，面对别人的无理要求，女孩子是不懂得说"不"的。所以为了避免让女孩受到心理和身体上的伤害，身为女孩的父母，很有必要给她上好这重要的一课，教给孩子必要的性知识，教会她们保护好自己。

对于女孩子的性教育，要让女孩在合适的年龄段及时了解，尤其是在青春期，孩子更容易听得懂父母教导的东西，也更需要学习这方面的知识。性教育应当包括人际关系，恋爱关系，性别和自尊。这些才是最为重要的。

作为父母多关心孩子是责任，最低限度应该要教会女孩"第一次"一定要等自己再大点、给自己最爱的人。因为虽然女孩性发育了，但是身体性器官还没有真正发育完善，过早的性行为，对女孩的身体伤害无疑最大；其次最关键的是，对女孩将来感情幸福生活不利。现代青年婚姻多不幸，大多和男性的性尊严有关。

要教会女孩子保护措施。家长要负责地教会女孩最低限度的保护自己的身体不受疾病侵害的威胁和可能，让孩子掌握避孕知识和技能，防癌和防艾尤为重要。

当女孩告诉家长意外怀孕以后，家长应该带女孩到正规的医院去进行人流。不管怎样，要将人流的不良后果告知女孩：容易引发宫颈糜烂、不孕不育、子宫颈癌前病变和子宫颈癌、艾滋病。

女孩往往由于羞涩而不好直接问妈妈这些问题，但这并不意味着她不会有任何问题或不关注这些问题，所以妈妈要主动和女孩谈起，当然和孩子们将这些知识要讲究方法，不要使孩子们和自己过于难堪。

家长们不妨试一试一下的方法：

第一，让你的孩子"偷听"大人的谈话。孩子可能过于难堪而不愿讨论性教育，但她们可能不介意听到两个成人在讨论这个问题。选择一个当天的新闻作为话题，从目前播放的电视节目，杂志闲聊，或电影中，在饭桌上与其他成人讨论它，孩子在无意之中就会学习到相关的知识。这样就避免了家长的尴尬，教育效果也更好。

第二，通过书籍的方法。有些父母觉得对孩子进行性教育很难开口，也有些父母觉得自己在这方面的知识太少无法对孩子实施教育。在这样的情况下。父母不妨买一些相关的教育书籍放在显眼的地方，让孩子主动阅读，即避免了尴尬，也同样可以收到很好的教育效果。

第三，利用日常活动的机会。比如观看电视节目或听到某个小女孩怀孕的消息时，可以找出与性相关的内容，自然地和孩子们谈起。当然，性教育不一定是要直截了当地和孩子们谈论。

第四，简化你的回答。努力建立一个对话，而不是演讲。有时我们谈了很多，因为我们有很多要告诉我们的孩子。当她们问一个问题时，答复应该简单，而且找出她们真正想知道的是什么，以便将来有更多的机会跟孩子交流。

第五，幽默一点。幽默能够使关于性的谈话变得更为轻松，孩子也更能够接受。

有些家长总觉得和孩子们谈论这些话题比较尴尬。但是，为了让尴尬只属于你，而不是让伤害属于孩子，家长们一定要给女孩们上好这一课。